中国年画

悬挂的风景

赵 冬 ◎ 著

ZHONGGUO NIANHUA

XUANGUA DE FENGJING

沈阳出版发行集团
沈阳出版社

图书在版编目（CIP）数据

中国年画：悬挂的风景 / 赵冬著. -- 沈阳：沈阳出版社，2018.12（2025.1重印）
ISBN 978-7-5441-9814-1

Ⅰ.①中… Ⅱ.①赵… Ⅲ.①散文诗—诗集—中国—当代 Ⅳ.①I227.6

中国版本图书馆 CIP 数据核字（2018）第 247893 号

出版发行：	沈阳出版发行集团|沈阳出版社
	（地址：沈阳市沈河区南翰林路10号 邮编：110011）
网　　址：	http://www.sycbs.com
印　　刷：	辽宁泰阳广告彩色印刷有限公司
幅面尺寸：	166 mm×234 mm
印　　张：	15.75
字　　数：	260千字
出版时间：	2020年12月第1版
印刷时间：	2025年1月第3次印刷
责任编辑：	沈晓辉　鲁莎莎　高玉君
图片统筹：	赵子涵
封面设计：	杨　雪
责任校对：	赵　琳
责任监印：	杨　旭
书　　号：	ISBN 978-7-5441-9814-1
定　　价：	78.00元

联系电话：024-24112447　024-62564922
E – mail：sy24112447@163.com

本书若有印装质量问题，影响阅读，请与出版社联系调换。

中国年画：古典的印迹

赵 冬

世界上有许多古老灿烂的文明闪耀于世，但有很多途中被肢解或半路夭折，而中华文明一脉却延续并传承至今。这是儒家思想的源泉，是道德礼仪的魅力。《战国策》云："中国者，聪明睿知之所居也，万物财用之所聚也，贤圣之所教也，仁义之所施也，诗书礼乐之所用也，异敏技艺之所试也，远方之所观赴也，蛮夷之所义行也。"

民国时期，中华文明有一道最表层、最直观的风景就是年画，包括月份牌画、烟画、广告画。过年，中国家家户户都要贴对联、剪窗花、挂灯笼、买年画。年画是中国画的一种，始于古代的"门神画"，是中国民间艺术，亦是常见的民间工艺品。清光绪年间，年画之名正式确定。年画是中国特有的一种绘画体裁，也是中国普通老百姓喜闻乐见的艺术形式，大都用于新年时张贴、装饰环境，含有祝福新年、吉祥喜庆之意。

在中国古代，每逢除旧换岁之际，人们会在自家门户、厅堂贴挂新年画，以求辟邪祈福，营造吉祥的气氛。年画表现中国古代一种寓意吉祥的形象。在漫长的岁月里，随着年节风俗

黄帝（画像）

的演变，一种中国民间特殊的象征性装饰艺术衍生，它的起源可以追溯到人类远古时期的自然崇拜观念和神灵信仰观念。中国早期的年画与驱凶避邪、祈福迎祥这两个母题有着密切关系，在祈祷丰收、祭祀祖宗、驱妖除怪等年节风俗习俗化的过程中，逐渐出现了与之相适应的年节装饰艺术。年画习俗反映了古人的精神信仰。

年画起源于汉代，发展于唐宋，盛行于明清。年画正式形成于两宋时期。当时，繁荣的商业和手工业、日渐成熟的雕版印刷术、丰富的民间庆贺新年活动等为年画的发展提供了良好的社会条件。汴京和临安的岁末市场上开始印卖木刻年画，题材也大为扩展，如风俗、戏曲、美女、娃娃等年画题材开始出现。南宋时期的木版年画题材更加丰富。

至明代，小说、戏曲插图的流行对年画的发展有很大的促进作用，寓意吉庆祥瑞和表现民间风俗的内容得到重视，年画的创作印制和购买张贴逐渐发展为欢乐喜庆、装饰美化环境的节日风俗活动，一些年画的典型题材，如"一团和气""八仙庆寿""万事如意"等已趋于定型。

明代中期，随着商业和手工业的进一步发展，雕版印刷中的彩色套印技术成熟，木版年画得到了飞速发展，出现了诸如天津杨柳青、山东杨家埠、苏州桃花坞等著名的年画产地。清代康乾年间国泰民安的社会局面，为年画的繁荣打下了坚实的基础。清代富察敦崇的《燕京岁时记》记载："每至腊月，繁盛之区，专搭席棚，售卖画片（京人称年画为画片），妇女儿童争购之，亦所以点缀年华也。"通俗小说的风行，为年画作坊提供了丰富的创作素材。清初，年画出现了大量以历史故事、神话传说、戏曲人物、演义小说等为主要内容的作品。在表现形式上，由于受到利玛窦和朗世宁等人的西洋绘画风格的影响，西方明暗透视技法在年画创作中得到应用，有的作品在画面上还刻印上了"仿泰西笔意"等字样，年画也因此成为清代西风东渐的一个展示窗口。

明清时期，制作和印刷年画的套版印刷技术日臻成熟，年画进入繁盛发展时期。年画的创作、印刷、市场买卖、张贴挂饰，成为中华大地新年里的一道文化风景。各地涌现出独具风格特色的年画，比如多数人公认的"四大年画"，即天津杨柳青、苏州桃花坞、山东杨家埠、河北武强的年画，以及"四小年画"，即四川绵竹、河南朱仙镇、陕西凤翔和广东佛山的年画。

民国初年，内忧外患，在这个动荡的年代，很多怀揣梦想的画家拿起了画笔，用心描画一个时代的景象。许多"老字号"从此时起家。此时的广告也是铺天盖地，上海街头的外文书刊令人目不暇接，民办的报刊更是五花八门，好莱坞的电影大片通常十天后即可在上海看到……

年画、月份牌画、烟画、广告画，从大上海、天津等城市走向繁荣。西画的输入和商业的发展，又产生了一种将国画工笔重彩与西洋擦炭水彩相结合的月份牌年画，其题材有戏曲故事、吉庆祥瑞、时装美人。月份牌是中国百姓的必备之物，人们每天都要翻日历、查吉凶、定出行。月份牌画成为中国年画史上异军突起的一个新品种，其视觉效果在普通民众眼里非传统绘画可比，加之色彩比传统仕女画丰富，印成月份牌随商品赠送顾客，很受欢迎。老月份牌广告画又称老月份牌年画，是我国传统年画的一个分支。

昔日"十里洋场"的上海，在20世纪初是"购物天堂"，它汇集了世界各地的名牌商品，商店林立、百货汇集，因此，西方的商业经营方式很快便进入上海。上海营业的商店包括百货商店、精品店、化妆品店、鞋帽店、钟表店、绸缎店、时装店、眼镜店、药店等，在广告媒体中较常出现的商品包括香烟、绸缎、化妆品、香皂、成药、食品、电池、电器、火油（煤油）等。在竞争激烈的商业环境中，各公司的形象宣传、各店家的促销方式、各厂商的广告手段等则纷纷投入商场中，而平面广告即在此强大的商业冲击下形成。

由于年画、烟画、月份牌画、广告画等形式在中国异军突起，精明的中外商家趋之若鹜，对其情有独钟。在画面适当的位置标有商品、商号与商标，大多配以中西对照的年历或西式月历、画片、印刷品等赠送给顾客。这种年画形式新颖、寓意吉祥，其独特的艺术表现手法与别具一格的韵味赢得了人们的喜爱。百姓人家爱不释手，纷纷珍藏。年画作为一种民族绘画形式记录着一个时代的历史与文化，具有重要的史料价值。年画、烟画、月份牌画、广告画等每一幅画作都具有浓重的家国情怀，每一幅都描绘着国人对岁月的缅怀和对未来的憧憬。

笔者最喜欢戏剧和传统故事年画，书中所选画作多为此类型，这类年画被称为"最有学问的年画"。戏剧是中国的一种传统艺术形式，其融文学、美学和舞蹈艺术于一体，为人们提供了视听上的享受。年画借由戏剧人物、民间故事等素材，为人们的节庆增添了浓浓的喜气。戏曲艺术的普及，让年画受到更多群众的喜爱。民间年画为满足穷乡僻壤看不到戏曲演出的民众的需要，创作了数百种晚清流行于各大城市的流行剧目中的人物形象，为后人留下了不少失传的戏曲演出的形象资料。在中国悠久的、以农业为主的世俗生活中，大多数人不识字，戏曲成为文化传承的一个重要途径。戏曲本身是受演出时空限制的，而戏曲年画则不然。过年时，家中的戏曲年画去旧换新，当家中长辈指着墙上的年画向孩子们解说角色及故事情节时，中国的传统文化教育便得到了传承。

"画中要有戏，百看不不腻。"人们喜欢戏曲题材的年画，就是因为它有戏。一般年画艺人都选择当时名伶的拿手好戏，当场描下感人至深的情节和优美的表情身段，画成底稿带回作坊，反复修改刻印而成。戏曲年画不但精要地叙述了戏曲故事的情节，还细致地描绘了舞台上异彩缤纷的人物形象和身段动作，使观者如临其境，回味无穷。长期以来，年画借戏曲而增加其艺术魅力，戏曲借年画而传播更广。这样相得益彰的传统，直到中华人民共和国成立后仍在延续。戏曲年画是中国的文化遗产，是中国美术发展史和戏剧发展史中不可缺少的篇章。

年画蕴涵着千百年来中国各地独特的艺术风格，形式变化多样，内容广泛，包括各界神仙、戏曲人物、民间传说、历史故事等。传统民俗认为，年画能驱凶避邪、祈福迎祥，在祈祷丰收、祭祀祖宗、驱妖除怪等年节风俗习俗化的过程中，逐渐出现了与之相适应的年节装饰艺术。古典与精华，渐渐融入每个人的血脉之中。回顾中国年画的发展历程，既有对过去难忘岁月的缅怀，也有对未来美好生活的憧憬。国富民强、百业兴旺、人民幸福，这就是每个人的中国梦；继承传统艺术，弘扬民族精神，凝聚中国力量，这就是人民大众的中国梦！

松鹤长春（何逸梅 绘）

唐明皇游月宫（徐果禅 绘）

目 录
Contents

序：中国年画：古典的印迹 / 赵冬

《红楼梦》／ 003

《西游记》／ 007

《三国演义》／ 011

《水浒传》／ 013

《封神演义》／ 015

《聊斋志异》／ 017

《儒林外史》／ 019

《金瓶梅》／ 021

《镜花缘》／ 023

《杜十娘》／ 025

铁棒磨成针 （李慕白 绘）

《金玉奴》/ 027

《卖油郎》/ 029

《甘露寺》/ 031

《铁扇公主》/ 033

《武松打虎》/ 035

《宝蟾送酒》/ 037

《孔雀东南飞》/ 039

《白蛇传》/ 041

《梁山伯与祝英台》/ 045

《牛郎织女》/ 049

《天仙配》/ 053

《孟姜女》/ 057

《花木兰》/ 059

《凤求凰》/ 063

《东郭先生》/ 065

《小放牛》/ 067

《苏武牧羊》/ 069

《唐伯虎点秋香》/ 071

《拜月记》/ 073

《吴宫教战》/ 075

《羲之爱鹅》/ 077

《孟母三迁》/ 079
《孔融让梨》/ 081
《画荻教子》/ 083
《小姑贤》/ 085
《钗头凤》/ 087
《秋香送茶》/ 089
《春香闹学》/ 091
《追鱼记》/ 093
《柳毅传书》/ 095
《张羽煮海》/ 097
《刘海砍樵》/ 099
《嫦娥奔月》/ 101
《天女散花》/ 103
《八仙过海》/ 105
《麻姑献寿》/ 107
《麒麟送子》/ 109
《宝莲灯》/ 111
《洛神》/ 113
《东方朔偷桃》/ 115
《萧史弄玉》/ 117
《昆仑奴》/ 119

五路财神（陈维敏 绘）

招财进宝（佚名 绘）

《云中落绣鞋》/ 121
《三戏白牡丹》/ 123
《红线盗盒》/ 125
《西厢记》/ 127
《桃花扇》/ 131
《牡丹亭》/ 133
《玉堂春》/ 135
《秦香莲》/ 137
《贩马记》/ 139
《白兔记》/ 141
《琵琶记》/ 143
《宇宙锋》/ 145
《拉郎配》/ 147
《望江亭》/ 149
《潇湘夜雨》/ 151
《打金枝》/ 153
《珍珠塔》/ 155
《李慧娘》/ 157
《生死恨》/ 159
《红鬃烈马》/ 161
《蓝桥会》/ 163

《盗御马》/ 165
《四进士》/ 167
《十五贯》/ 169
《庵堂相会》/ 171
《打渔杀家》/ 173
《霸王别姬》/ 175
《陈三五娘》/ 177
《春草闯堂》/ 179
观音 / 181
老子 / 183
孔子 / 185
济公 / 187
屈原 / 189
文成公主 / 191
诸葛亮 / 193
关公 / 195
赵云 / 197
蔡文姬 / 199
梁红玉 / 201
岳飞 / 203
信陵君 / 205

天赐财源（杭樨英 绘）

金定私装图（金梅生 绘）

西施 / 207

貂蝉 / 209

杨贵妃 / 211

王昭君 / 213

李白 / 215

穆桂英 / 217

附录 著名中国年画及月份牌画家 / 219

瑞霭盈门（周柏生 绘）

中国年画——悬挂的风景

晴雯撕扇（杭穉英 绘）

002

《红楼梦》

　　红楼梦，梦红楼，谁能看懂环佩间那一凝眸的温柔？红楼梦，梦红楼，谁能捕捉红妆下那一低头的娇羞？千回百转，走不出楼台亭阁；左顾右盼，抖不落婆娑衣袖。

　　你嗔我痴，莺莺调笑，抚花额眉皱；你情我意，风雪旖旎，弄香裙衣瘦。睁眼望鸳鸯戏水，张耳听琴瑟聒噪；龙驹凤雏箫横吹，十二伊人金陵忧。虽有残棋落子，竟不知谁的梦里忆了谁的清秋？虽有孤泪湿枕，竟不知谁的心里添了谁的闲愁？

　　怕落红，怕焚稿，怕雕栏玉砌，怕相思滴漏，更怕大观园外的鸥鸟惊走；怕眉颦，怕袂宽，怕莲步迤逦，怕琼杯冷酒，更怕红楼梦里的靥笑熟透。

　　萍有踪、性无羁，却是一块璞玉的放浪；展红袖、添香豆，竟是两枚钗头的聚首。深秋的院越锁越深，枉凝的眉越闲越愁。梦里的荣华，不忍离去，不愿醒，聚聚散散花前月下约生死；同船的渡口，一等再等，终难行，牵牵扯扯缘起缘灭共停留。

图书封面（通俗图书刊行社）

连环画封面
（钱笑呆　绘　上海书局）

贾宝玉夜探潇湘馆（吴少云　绘）

中国年画——悬挂的风景

黛玉葬花（周柏生　绘）

红楼韵事（倪耕野　绘）

宝钗扑蝶（杭穉英　绘）

宝玉与黛玉（金雪尘　绘）

《红楼梦》结诗社（金雪尘 绘）

中国年画——悬挂的风景

民国版西游记全图（杨馥如 绘）

《西游记》

一条路，一段段艰难险恶；一副担，白马相随踏坎坷。

西天的门半掩半阖，走过去，才能取得真经；拿回来，才能修成正果。可这条路片片都是污，瓶瓶都是毒，处处都是劫，杯杯都是蛊。我问佛：他们凭什么？佛含笑不说。我再问取经人。猴儿说：我有棒；猪儿说：我有耙；沙僧说：我有杖；高僧说：我有咒。那该是怎样的过往，那该是怎样惊心动魄？

太多的磨难，围追着他们；太多的争斗，分不清对与错。说你神通广大，却斗不过成精的妖孽，没有菩萨相助一个也搞不妥；说你憨厚单纯，却总不忘贪图点女色，荤素丑俊皆笑纳一个也不放过；说你禅心淡定，却不辨是非迂腐懦弱，重重雄关道道劫哪儿都无处躲；说你忠心耿耿，却循规蹈矩无情冷默，没人做主半步也不会挪。

那高僧的愚，那和尚的憨，那猪儿的呆，那猴儿的泼……都变成了神仙棋间的调笑，菩萨相聚的宴乐。女邪意淫的欲念，妖魔觊觎的迷惑……

但他们还是向西而去了，一往无前、义无反顾。一路跋山涉水，踏过灾祸；一路降妖伏魔，斩杀邪恶。不屈的忠魂，在天涯穿梭；不变的信念，在脚下颠簸。八十一难的风霜雨雪，携经归来，浩荡长歌；九九劫后的灵魂脱壳，净土报恩，无量功德。

图书封面（通俗图书刊行社）

孙悟空大闹水晶宫（章育青 绘）

中国年画——悬挂的风景

龙宫借宝（吴少云 绘）

《西游记》 孙悟空大闹天宫（周幸奎 绘）

中国年画——悬挂的风景

空城计（孙志毅 绘）

《三国演义》

是谁，踏响长江滚滚的波涛，将刀光剑影插遍了黄尘古道？是谁，结交桃园内外的弟兄，将天下兴亡写满了烽火沟壑？

是谁，躬耕陇亩瞻星宿，南征北伐建功劳，草船借箭呼风雨，空城操琴雄兵逃？是谁，忠心赤胆豪情壮，过关斩将震九霄，千里单骑义如山，挂印封金手提刀？是谁，智勇双全浑身胆，远见卓识逞英豪，谦虚谨慎仁德厚，当阳救主染征袍？是谁，卓尔不群军略韬，志远可接鸿鹄傲，才高可比王佐肩，旷世奇人善断谋？是谁，招贤揽士将臣靠，雄才大略真心掏，治世人杰功绩显，乱世群英称雄枭？

人生如梦，如戏，如歌谣。从汉到晋，从董卓到袁绍，从《隆中对》到《出师表》，从桃园结义到击鼓骂曹，从三英战吕布到兵败华容道，从孔明智激周郎到杨阜兵破马超，从司徒巧使连环计到诸葛诞讨司马昭……群雄逐鹿，英雄多如繁星遥；三国舞台，点亮串串名和号。只要青山依旧，何必想夕阳几度门前照；只要太阳升起，何必悔聚散随缘桃花凋。江山谁人定？蓦然回首，大江东逝了，恩怨早已随浪漂。杯羹让，风流人物涌如潮；凭栏处，千古评说付谈笑。

图书封面（通俗图书刊行社）

青梅煮酒论英雄（张瑞恒 绘）

中国年画——悬挂的风景

三打祝家庄（吴少云 绘）

《水浒传》

千万个美梦破碎,孕育着大地腥咸;千万户人残家破,积聚着遍地哀怨。这里是险地雄关,这里是水泊梁山!

说是一群草莽,月黑风高、打家劫舍,却偏偏杀富济贫、造反揭竿;说是一群贼寇,杀人放火、鸡鸣狗盗,却偏偏恩怨分明、技绝侠胆;说是一群土匪,酗酒啖肉、争雄斗狠,却偏偏不近女色、仗义分担;说是一群狂徒,凿地捅天、弃禄罢官,却偏偏除暴安良、忠心赤胆。

太多太多的壮举,使他们变成了英雄;太多太多的故事,令他们变成了好汉。英雄不问来路,兄弟不论成败,到了水泊就义结金兰,踏上梁山就共同患难。一面面旌旗猎猎,一道道浊浪翻卷,一排排兵刃雪亮,一双双豹眼怒闪……生不过一副铁骨,死不过一缕青烟,是英雄谈笑间千金一诺,是兄弟钱财散酒壶喝干。

一百零八位星君,天上神灵现;一百单八条好汉,地面人聚散。轰轰烈烈,纵情四海同赴生死;打打杀杀,亡命江湖逼上梁山。避祸灾共享荣华,起义军劫后余生祈福愿衣锦还;求忠义替天行道,聚义堂英雄末路梦醒后天覆翻。

鸳鸯楼(金海主 绘)

中国年画——悬挂的风景

哪吒闹海（李慕白 绘）

《封神演义》

　　腾云驾雾时空错，各路神仙争婆娑，洞府仙山三界乱，撒豆成兵泣神魔。纣王残虐暴淫威，昏庸好酒贪女色，酒池肉林尽奢靡，红颜祸水乱朝歌。炮烙臣民罪以族，剖开人腹取胎乐，暴殄天物国力衰，穷奢极欲恶名播。

　　姬昌请贤姜子牙，渭水钓翁识渊博，兵家武祖善谋略，麋鹿背上威风赫。太公在此无禁忌，搬山移海道行多，兵发西岐破绝阵，观星占卜巧点拨。金台拜将降阴兵，金鸡岭上神鞭热，援桴而鼓先涉河，牧野酒祭潼关客。驱邪打鬼灭妖孽，万仙阵前立功德，水遁土遁风火灭，阐教截教诸仙惑。仙士术士难逞强，魔力法力纷示弱，袍里袖里旌旗展，斗智斗勇敌胆破。破阵斩将封神榜，辅佐武王建周国，吊民伐罪云水涌，大同世界唱万合。

　　纣王无道失王朝，华夏诞生庶民乐。鹿台散财功名就，天下共主诸侯贺。

《封神演义》四条幅（刘荣富　绘）

● 中国年画——悬挂的风景 ●

聊斋图说（清·徐润 主持编绘）

《聊斋志异》

　　故事在老翁的茶棚里开花,才子相约美人乖,狐仙鬼魅翘首待。悠闲间的聊,唇齿间的猜,书页里的埋伏,惊堂木的案拍……风听到了战栗,鸟听到了惊骇,煮沸的茶在碗里舞蹈,故事在豆棚瓜架传开。

　　月黑风高,云稀星寂,鬼狐们不请自来。灯笼下,寝房间,蹑足窥窗,飞檐越宅。谁不想鹊好燕欢?书斋里的语软,夜幕下的开怀。月色不寐,灯下画肤,拥衾怜花玉,谁解香罗带?看那眼眸,盈着圆缺,映着风尘,衔着祸福,捻着黑白……宁愿抛仕途功名,宁愿受纲常戒裁,也要生死痴缠,也要贪欢夺爱。纵情忘我,握紧那一夜销魂的鱼水痛快。

　　默听花语,不拒渐近的山魈;眷恋欢愉,不舍渐远的妖怪。他们也重情尚义,她们亦有爱澎湃。皆因前缘被误,必须跨越生死之界、阴阳莲台。怀一分怜,山溪林泉去放生;还一分愿,报恩于千里之外;等一分缘,灯火阑珊独徘徊;求一分爱,自绝生路断命脉……

　　秋坟鬼唱,夕照炉香,说鬼也不鬼说怪也不怪,说笑中有泪,唱念中有哀。人世冷暖实难料,几回首,笑里生怨渐毒蛊,恨成痴念涤尘埃。说说讲讲,想想猜猜,躲躲藏藏,徘徘徊徊。鬼狐恋,老聊斋,一段段,当饭菜;张耳听,心慌乱,听不到,夜难挨。既然晓因果,缘何痴情不改?恩怨人生路,谈狐说鬼聊志怪;花妖狐魅皆有情,趣闻奇事都可爱。

图书封面(广益书局)

香玉(一宁原 孙爱华 绘)

中国年画——悬挂的风景

马二先生游西湖 （程十发　绘）

《儒林外史》

人生之路坎坷多，王侯将相凡人做，神仙妖魔皆修炼，才子佳人须养德。
花无百日栖枝琼，俗世红尘常看破，皇朝更替如流水，富贵功名人浮落。
范进中举变痴狂，儒家秀才盼登科，少妇骗人折风月，重游旧地秦淮河。
屠户壮胆闹捷报，监生疾终名士多，狭路逢仇饮甘露，匡家布衣龙虎卧。
翰林高谈灯花梦，青楼算命风雪客，少卿夫妇访礼乐，求贤问道心饥渴。
庄征辞爵豪杰怨，故里相遇船家泊，观察穷途逢世好，学报师恩断魂魄。
丧父娶妻醉高朋，夫妻反目阴差错，认祖连宗疏义财，明月岭下云仙躲。
功名无据贵无凭，老生常谈茶婆婆，水流花谢知何处，身外之物烟云过。

图书封面（广益书局）

中国年画——悬挂的风景

金瓶梅（谢之光 绘）

《金瓶梅》

茶坊肆酒蜂蝶闹，雕楼勾栏意情迷。金瓶三美帷中戏，西门官人揽花枝。梳理过往的惑，布设得意的局，暖楼情色穷奢，酒美纸醉金迷。

粉面微酣狐眼泛波脉脉放电是金莲的妖；丰乳肥臀勾栏谑浪恣乐奔奔是春梅的艳；花腰肢细蝶梦良宵慵懒恹恹是瓶儿的戏……佳人笑赏秦淮景，和尚听得浪声起，最得意者是官人，药兴铺旺结党私。妻妾成群财万贯，偎红倚翠蜂猎奇，丽春院里帘下遇，窃玉偷香灯火糜。贵客高楼蝶蜂舞，不知何人盼佳期？蓦然回首芳华去，雪月风花吹横笛。

富贵岂长久？世俗烟雨洗，美貌难常伴，回首叹秋菊。生色犬马过，何必惺相惜，家败众妾散，万物化为泥。

图书封面（上海中央书店）

连环画封面（张令涛 胡镜人等 绘 普及印书馆）

金瓶梅（周柏生 绘）

• 中国年画——悬挂的风景 •

《镜花缘》组图（孙温 绘）

《镜花缘》

那该是怎样的疼痛,呼吸里遍布了针芒;那该是怎样的落寞,镜中花逃得如此慌张……昨夜,恍惚中,还看见你,花瓣下粉色的笑靥,还有那鬓畔的鹅黄。

长安斑斓的幻夜,咸阳冷寂的空场,你我深情相拥,牵手伫望。不愿睡也不愿醒,唯恐疯长的欲望祸起萧墙,唯恐远处的歌乐演绎成殇。

我就是金童,侍立观音身旁,为你醉倒,饮干你捧来的酒浆。可你偏偏却是百花仙子,肌骨溢香,慈心柔肠。追赶你的脚步让我不惧风雨飘摇,望着你远去的背影,我妄想掸尽全身的风霜。你的翎还连着泥土,你的屏尚结着须囊……眨眼间,你已被贬至凡间,投胎转世,肤发间可还留有我吻过的痕迹,凝结成痣,叠影成双?

那本该是一场涅槃,泥沙俱下,金石飘香。金童和百花,偶相遇,爱痴狂,迈过去是桃源,回过头是蛮荒。扯不断那一弦镜月有多缠绵,盈不满那一捧相思有多凄凉,谁能抚平那自欺的痛,谁能舔净那自剪的伤?

佛说,前世五百次的回眸,才换来今生的一次擦肩。难道我们的相爱与盟约,只不过是一次匆匆过往?镜花有缘,瞻前回望,醉卧女儿国,遗梦在李唐。十二花仙种繁花,执手水月掬琼浆,该怪情深缘浅?该怨笛短箫长?

图书封面(上海大成书局)

廉锦枫(佚名 绘)

中国年画——悬挂的风景

秋月琵琶 (李慕白 金雪尘 绘)

《杜十娘》

你掸你的风尘，我饮我的炊烟，逃出苦读的学堂，却误入了逍遥的烟花院。

依稀是吹笛小生俊逸的轮廓，依稀是青衣水袖舞动的绵软。松灯烁闪，谁还想曾经的惊艳；油伞旋转，谁还忆往昔的恩怨。

手儿挽，心相牵，情投意合花浪间；寒夜长，梦多变，负情公子为钱癫。多情李甲，曾义重如海誓山盟，还怕什么世俗的白眼？痴情十娘，陷淤泥不染等知音，还怕什么漫长的流年？

你修你的来生，我续我的前缘，逃离老鸨的贪婪，终躲不过薄情郎负心的脸。世间冷暖，只企盼一缕百姓之家的炊烟；人情悲欢，只期待一位仗义公子的臂肩。春秋替，缘深浅，温柔乡里月缺圆；万种恩情化流水，钱财散尽难成仙。梦破碎，人生厌，一往情深遭覆颠，怒骂孙富斥李甲，有眼无珠狼狈奸。

桨声急，琵琶怨，滔滔江水伴琴弦，青楼不缺坚贞女，幸福幻灭拒人怜。船头打开百宝箱，满船金光溅花钿，明珠美玉一把把，金簪宝翠一件件。众人皆惊公子悔，大江呜咽波涛寒，十娘抱箱江心跳，花影荡漾香风旋。

图书封面（上海益民书局）

连环画封面（房绍青 绘 人民美术出版社）

中国年画——悬挂的风景

鸿鸾禧（金梅生 绘）

026

《金玉奴》

诗书冷，腹肌空，柴门雪深埋；流浪苦，颜色暗，饿晕阶前栽。家在天堂梦饭菜，满目皆阴霾；大户驱赶小家避，衣破人看衰。

谁家大门，被轻轻推开，探出一枝桃花，似粉若黛。袅袅有青衣，眷眷托莲腮……纤细的手，搀回了落魄的秀才；柔软的心，含羞的注视，精心的关怀。绣花巾为其擦净脸上的泥污，热热的豆汁暖了他寒寒的胃，莫非这是还前世的债？

金玉奴掸尘贴红，由怜生爱；丐主爹风雪归来，巧心安排。月色暖，鸳鸯披金彩；爱浪翻，鸾影映烛台。从此灯下读，贤女伴书斋，银针织锦绣，描画好未来。

朝廷取士开科日，玉奴赠金袋里塞。莫稽高榜中进士，喜新厌旧心变态。新官赴任行江上，推妻落水名声败，幸得过路巡按救，玉奴免葬鱼腹胎。始乱终弃，岂能涂擦掉绵绵长恨；结交权贵，岂能逃脱了苍天制裁？

巡按收义女，鸡唱天色白，有意提亲配鸾凤，迷途知返天不怪。莫稽愧有悔，玉奴泣悲怀，洞房花烛丫鬟打，莫稽请罪还情债。

连环画封面（严绍唐 绘 华大书局）

鸿鸾禧（金梅生 绘）

中国年画——悬挂的风景

独占花魁（谢之光 绘）

《卖油郎》

烽火硝烟金兵狂，投亲不遇好人帮，学会谋生串街巷，挑着油担卖油忙。西湖水边解愁闷，遇见倩影亭前逛，张目相窥神魂倒，朝暮相思跳心房。

花魁娘子王美儿，逼良为娼青楼上，如花似玉溢芬芳，一夜须出银十两。积少成多攒铜板，油郎暗将凤愿装，花下做鬼也风流，他乡遇故情更长。攒够银子上青楼，花魁醉回夜染霜，油郎不愿乘人危，细心料理喂鲜汤。一片深情人感动，美人遇到实木桩，蒙君今宵多照顾，尽心尽意暖心肠。

青楼卖艺不卖身，烟花哪有好收场，秦楼楚馆不留恋，粗茶淡饭过家常。男人都是无情客，知音离去空悲怆，多年积蓄都拿出，赎回自由身舒畅。若能嫁个如意君，荆钗布衣愿从良，有缘千里来相会，花魁女嫁卖油郎。

图书封面（民众书店）　　　　《卖油郎与花魁女》组图（张碧梧　绘）

中国年画——悬挂的风景

龙凤呈祥（吴少云 绘）

《甘露寺》

　　这条龙，宽宏仁厚，王室之胄；这条龙，雄才伟略、震畏神灵的枭雄；这条龙，能屈能伸、能文能武的皇叔；这条龙，袁绍敬佩，曹操忌惮，刘表竟折服；这条龙，赵云尽忠，关张血盟，诸葛亮佐扶。

　　这只凤，貌美才贤，抱碧若珠；这只凤，贵德重义、敏捷泼辣的巾帼；这只凤，闺房挂刀、房前练戟的郡主；这只凤，孙坚之女，孙策之妹，孙权之手足；这只凤，玄德之妻，刘禅之继母，二乔之小姑。

　　龙凤相遇，结天作之合，你侬我哝，良缘择栖宿。过江招亲，生吞香饵，哪管谁算计这锦囊美人计，春光不负；弄假成真，声色全收，敬乔老拜国太坦然做女婿，醉卧甘露。

　　仙女会襄王，快乐不思蜀；诸葛妙计挡追兵，携妻归蜀对花烛。

连环画封面
（张令涛　胡镜人等　绘　普及印书馆）

龙凤呈祥（张瑞恒　绘）

中国年画——悬挂的风景

铁扇公主（王柳影 黄子希 绘）

《铁扇公主》

本是风筑的筋骨、水塑的蛮腰,千年的柔情融化了翠云洞天。本是得道的罗刹、神牛的侣伴,万载的灵气造化了芭蕉宝扇。碧梧鸣彩凤,崖堑隐妖仙;观音收红孩,仇隙磨银剑。手握那老君炉煅烤经年的扇,蛰伏那牛魔王血盆大口的黏,守候那裙钗下烈焰翻滚的癫。

八百里焦土无寸草,师徒止步在烈烈大火前。初借扇,变身小虫巧入腹,拳打脚踢公主翻,谁知借来是假扇,越扇越旺眉烧乱;再借扇,猢狲变成牛魔王,骗得真扇喜开颜,牛王反计变八戒,巧夺宝扇现凶蛮;三借扇,师兄师弟齐上阵,神猴魔牛苦鏖战,哪吒天神来相助,打得青牛原形现。摩云洞妖皆剿灭,公主乖乖献铁扇,六丁神火意心猿,老君拂须把头点。

小扇显神奇,扇到雷电闪,连扇四十九,永远绝火烟。风火之山成圣地,罗刹美女悔中惭,隐姓修行寻正果,师徒翻越火焰山。

《火焰山》年画四条屏局部（董天野 绘）

连环画封面（张令涛 胡镜人等 绘 普及印书馆）

连环画封面（吴光宇 绘）

中国年画——悬挂的风景

武松打虎（金雪尘 绘）

034

《武松打虎》

酒酣夜过景阳冈，莽丛荒野，阴云霾落。猛虎伤人请结伴，夜晚莫行，过往商客。都说冈上大虫凶，麋猿远遁，英雄胆硕。十八碗酒肠灼热，袒胸露膛，踉跄斜卧。

腥风吹起吊睛来，咆哮震天，霹雳裂凿。武松惊醒汗出透，哨棒在手，身定不缩。白额大虫扑上来，厉爪剪闪，腰胯掀驼。哨棒崩断人翻滚，见树闪躲，遇石腾挪。兽中之王露狰狞，仰天长啸，惊心动魄。闪扑过后骑虎身，挥拳痛打，劈脚则搏。拳脚相加如雨点，张牙舞爪，鲜血染坡。铁拳灌顶毕生力，大虫身僵，老虎哆嗦。

七窍迸血老虎死，英雄瘫倒，手脚麻挫。秽风污泥松林荡，须毛飞扬，猎户惊愕。绿林草莽除奸孽，正气凛然，酒肉穿过。打虎英雄威名赫，山东好汉，武家二哥。

连环画封面（刘继卣 绘）

武松打虎（宋德风 绘）

中国年画——悬挂的风景

宝蟾送酒（金梅生 绘）

宝蟾送酒（杭稚英 绘）

036

《宝蟾送酒》

夜深寂，灯无眠，案前书生独怅然，闷来吟诗向清虚，胸中缭绕邢岫烟。酒浆甜，瓜果鲜，玉手托盘挑竹帘，嬷嬷笑靥施百媚，宝蟾送酒诱人癫。索居泥途生哀怨，寄人篱下暗心酸，甘雨无期身心旱，金桂辗转似油煎。

梨花摇，春心乱，派遣丫鬟先试探，叔嫂何必拘旧礼，梦中鸳鸯戏水面。小丫鬟，美宝蟾，其实早把书生羡，明里拉纤暗巧取，亦真亦假度深浅。素来不守闺阁忑，墙里檐外飞纸鸢，酒色齐备潜门外，舔破窗纸笑声掩。

性如菊，心若泉，薛蝌沉思无邪念，露襟小袄红绣鞋，百般引诱似不见。女子妖，男儿掩，浑水摸鱼难如愿，施乐纵淫行鬼祟，偷油老鼠名声贱。吹灯屏息装熟睡，管你是责还是谴，精致设计终有瑕，君子坦荡似神仙。

图书封面（广益书局）

宝蟾送酒图（局部）（金梅生 绘）

中国年画——悬挂的风景

《孔雀东南飞》组图（王叔晖 绘）

《孔雀东南飞》

哪里有织锦绣裁粗衣弹箜篌诵诗书的贤女子？何处寻忍饥苦耐寂寞守空房拒诱惑的糟糠妻？心中痛与伤，不忘恩与义；夜夜不得歇，鸡鸣上织机；丈夫吏在外，君妇偎枕席。

长跪母膝前，仲卿泣泪滴，休妻确万难，彼此有约契：你若不离不弃，我必生死相依！焦母苦相逼，提亲罗敷女。仲卿见爱妻，哽咽不能语。绣花袄、香罗衣，檀箱裙裾叠整齐；嫩葱指、唇涂脂，怅然相望凄别离。堂上拜婆婆，厅下嘱小姑，勤心相待奉，日后莫忘记。

返家路，无尽头，车马行，霏雨涕；念成灰，心已死，梦破碎，杜鹃啼。孔雀东南飞，五里徘徊泣，相约不负卿，执手命相许。你栖松柏枝，我宿青庐顶，叶叶慰寸心，长情永不移。

孔雀东南飞（王叔晖 绘）

● 中国年画——悬挂的风景 ●

白娘子与许仙（金梅生 绘）

《白蛇传》

巧遇了那乖巧的青,邂逅了那温婉的白,结伴的蛇妖降落在美妙的人间。同船渡需修千载,厮守终老,为了报恩,还是为续一段前缘?顾不得西湖的雨,顾不得苏堤的烟。一把紫竹柄的油纸伞,撑起了一片晴碧的天,注定了半生缘。

赏三月烟花,揽天堂美眷,红尘里的爱被装进了一只乌篷的船。敢爱也敢恨,女爱与男欢,寂寞不会是永久的思念;心上的枷锁,佛前的祈愿,魅惑不会是短暂的痴缠。

不去想天上的劫,不再念结疤的地面,几度轮回才换来与你共枕同眠;不再说迷幻的宿命,不再想柔肠的寸断,绵软懦弱的性格躲不过世俗的羁绊。金山寺磬钟再鸣,谗言击倒了善良的许仙,心魔所困,忘情断义,绝命的酒浆蓄谋了端午的惊变。一杯雄黄酒,苦毒似相煎,繁华人世,灿烂绮梦,难道从此就化作一抹抹云烟?

武力索夫,闯峨眉盗仙草驾了云端;营救爱侣,调灵水掬钱塘漫了金山。斩不尽的俗念,掸不净的尘缘,爱与恨都被镇在雷峰塔前;传说在断桥上挣扎,神话在夕照间繁衍,青与白为真爱丢弃了千年的修炼……

图书封面(广益书局)

断桥相会(陈飞 绘)

中国年画——悬挂的风景

水漫金山（寇国荣 绘）

游湖（李慕白 金雪尘 绘）

水漫金山寺（吴少云 绘）

《白蛇传》

白娘子与许仙（亦青 绘）

白娘子与许仙合家欢（杨俊生 绘）

白娘子与许仙新婚之喜（周柏生 绘）

中国年画——悬挂的风景

十八相送（金梅生 绘）

《梁山伯与祝英台》

西湖点灯桃花开,家有九妹门悬彩;画屏雕梁闺窗小,眉秀腮红手酥白。描龙能吐水,琴棋书画男儿盖;上虞生巧凤,聪颖妩媚祝英台。杭州去求学,女扮男装颜面改;路遇梁山伯,草桥撮土双结拜。

三载同窗,形影随;情意深切,两无猜。琴瑟同音相呵护,书院藏深爱;志趣共融学精进,钱塘情似海。一封家书催归乡,诵卷无声烛火呆。

点鸳鸯,指鹅白,巧借九妹频暗示,十八相送久徘徊;寒风朔,泪眼埋,太守逼婚英台怨,祝公许嫁马文才。人恍惚,天阴霾,花露袭人朝夕苦,佳偶难成心难猜;玉环碎,血脉衰,欲语还休孤山坠,山伯滴血溅楼台。

誓约生死,千般情怀;柔肠寸断,万般钟爱。花轿行至坟墓前,英台哭碑风绝代;轰然墓裂烟尘走,跃入新墓石沙埋;化作蝴蝶翩跹舞,天上人间不分开。

梁祝吟,红丝带,痴情鸳鸯永相爱;唱忠贞,相思债,生死契阔翠松柏。五彩虹,挂天外,英魂依旧眷裙钗;蝶衣暖,袖风蔼,爱情绝唱传千载。

连环画封面
(张令涛 胡镜人等 绘 普及印书馆)

梁山伯与祝英台(金雪尘 绘)

中国年画——悬挂的风景

梁祝姻缘图（民间组图）

《梁山伯与祝英台》

十八相送（王柳影 绘）

蝶舞（梁山伯与祝英台）（金雪尘 绘）

楼台会（杨俊生 绘）

中国年画——悬挂的风景

鹊桥会（吴志厂 绘）

《牛郎织女》

织的女，牵的牛，明珠暗投；袖的香，裙的暖，环佩含羞。
玉的露，金的风，王母怒揪；碧的阁，翠的殿，贬下琼楼。
兄的憨，嫂的蛮，房田尽云；车的破，牛的玄，偷衣藏裘。
笛的早，亭的晚，鸳鸯啁啾；炉的火，梭的锦，同瞻玉钩。
眼的媚，花的蜜，儿女皆优；燃的烛，许的愿，相守瓜丘。
扑的扇，流的萤，何人素手；瓶的釉，云的纤，谁添烦忧？
上的遣，下的煎，问罪埋仇；指的锋，簪的尖，银河横流。
筵的冷，杯的残，亲眷割肉；离的苦，别的难，皮枯骨瘦。
月的七，日的七，一天聚首；囹的筐，娃的箩，肩担两头。
雁的字，鱼的书，拾香凝眸；阴的晴，圆的缺，良宵锁喉。
朝的思，暮的想，迢迢暗愁；银的汉，星的灿，隔河叩首。
天的河，舟的渡，相逢何洲；鹊的桥，烟的渺，谁碾清秋？

图书封面（广益书局　民众书店）

牛郎织女（金梅生　绘）

中国年画——悬挂的风景

牛郎织女笑开颜（吴少云 绘）

鹊桥相会（吴少云 王柳影 绘）

《牛郎织女》

牛郎织女（张瑞恒 绘）

男耕女织（张碧梧 绘）

鹊桥会（杭穉英 绘）

牛郎织女（金仲鱼 陈谷平 绘）

中国年画——悬挂的风景

七仙女 （吴哲夫 绘）

052

《天仙配》

都说天上好,寂寞有谁怜?拨开云雾偷偷看,天庭仙女羡人间。

上无片瓦的窘,面朝黄土的汗,卖身葬父的孝,纯朴无邪的善……真情感地动天,映入低垂的眼帘;思慕美妙凡尘,山水风景无限。

一贫如洗庄稼汉,小女敢把去路拦,仙姑下凡花锦簇,老槐树下手相牵。为奴百日债还清,员外拜别府楼前,山神土地来祈福,你恩我爱回家转。

喜欢青鸟成双、比翼同飞,憧憬耕田织布、担水浇园,企盼和谐恩爱、浓情蜜意,幻想儿女绕膝、金玉良缘。

美好时光竟短暂,人间私情传上天,怀有身孕九霄惊,王母一怒划银簪。空中降下无情剑,天兵天将追近前,不交仙女尸万段,银河霹雳电光闪。心如刀割泣泪流,满腹悲痛求两全,来年春暖花开日,槐荫树下把子还。

情愿等待,烛影烁闪,伊人却仍在天那边。

岁岁年年,柴扉半掩,想念仙女萍踪,湿了双眼。

图书封面
野 绘 上海文化出版社)

槐荫结合(黄子希 王柳影 绘)

中国年画——悬挂的风景

《天仙配》全图（民间组图）

天仙配（金雪尘 绘）

《天仙配》

天仙配（金雪尘 绘）

天仙配——愿化燕子到人间（戴松耕 戴一鸣 绘）

中国年画——悬挂的风景

孟姜女（吴哲夫 王柳影 绘）

《孟姜女》

夜天穹，银河浪，葫芦结籽娇娃唱；女红线，缝荷妆，少女长出俏模样。灯笼红，菊花黄，葫芦架上瓜果香；狗儿欢，猫儿忙，石榴树下肥鼠逛；男有意，女有情，喜结良缘鹊上房；你种菜，我牧羊，孟姜女和范喜良。

秦无道，硝烟放，秦皇令下万民殇；筑长城，御胡强，户户无主家家慌。范郎一去不回还，重阳煮酒空相望，何日才能再相逢，秋风渐凉月如霜。雪纷飞，北风狂，孟女思夫熬衷肠，孤身千里送寒衣，天昏地暗鸟兽藏。

古道远，长城长，不知何处是故乡，走过年关寻不见，疲魂饥魄心绝望。苍天垂，哀鸿唱，空坟座座白骨场，范郎修筑长城亡，孟姜想郎哭断肠。一哭昏君秦皇主，拆散一对好鸳鸯；二哭范郎无情义，撇下弱妻狠心郎；三哭人间黄连苦，恩爱夫妻难伴长；四哭天地佳期短，生死别离两茫茫……天昏地暗城下哀，字字血泪声声怆，贞烈女子斥苍天，孟姜哭倒长城墙。

絮为烟，雨为尘，断你痴瘴剪我肠；比翼鸟，连理枝，凝成高墙瓦上霜。

（董天野 绘 连环画封面 中国文苑出版社）

（钱笑呆 绘 连环画封面 东亚书局）

（沙金 绘 连环画封面 群力出版社）

（张令涛 胡锭人等 绘 连环画封面 普及印书馆）

中国年画——悬挂的风景

花木兰（李慕白 金雪尘 绘）

《花木兰》

马鞍下，征尘起，山黑水浊烽火急；硝烟溯，弯弓里，黄河北岸胡狼啼。机杼衰，城郭敝，残月割破家园篱；名册选，男人立，可汗点兵军帖密。木兰女，生忧虑，慈父年老多病疾；整日忧，生主意，女扮男装偷顶替。天生丽质却不娇，自幼习练好武艺，鞍辔磨圆挥长鞭，能射善骑耐劳饥。

织机上多纺些布匹，仓房里多积些柴米。云鬓当窗，叹息日子一去不返；黄花帖镜，凝视岁月悄然迁移。戎装掩悲戚，村外作别离，日短暮微微，风长柳依依。待号角吹响，待爷娘唤女，她已是身披铠甲，引马牵驹。待战鼓敲击，待硝烟遍地，她已是娇容深敛，寒光青泥。雄兔雌兔，扑朔迷离，血溅关隘，锻造传奇。

关山万里转，朔方凝寒衣，雕声渐凄厉，胡兵射平戟。十年风雨，意志渐渐如铁，个性轻轻磨平，妩媚悄悄藏匿，柔情紧紧裹起。纵横驰骋烽火的沙场，奇功屡建，江山复回，春风渐煦。燕山内外，万骨枯毁，堆起了将军的成名路；柔然兴衰，忠孝节义，头盔上跳动一束红菊。

金戈铁马，穿越尘矣路；家国情怀，飘扬巾帼旗。

图书封面（五桂堂书局）

木兰从军（杭穉英 绘）

中国年画——悬挂的风景

花木兰组图（金雪尘 绘）

《花木兰》

花木兰（张瑞恒 绘）

花木兰（陈志翔 绘）

木兰荣归（周柏生 杭穉英 吴志厂等 绘）

木兰从军（吴志厂 绘）

中国年画——悬挂的风景

卓文君（周柏生 绘）

《凤求凰》

这只凤，气宇轩昂，贫寒家里俊才降；这只凰，出水芙蓉，富商家养美娇娘。卓家大户宴宾客，六路名流坐两厢，把酒言欢举杯频，才子佳人互端详。

这只凤，琴台轻挑，绿绮宝琴众痴狂；这只凰，屏后隐身，腮红耳热芳心荡。一曲相思凤求凰，引来彩凰厅中慌，爱慕顿生偷眼看，心心相印吐衷肠。

这只凤，诗词歌赋，文采飞扬似波浪；这只凰，琴棋书画，织云绣朵女红强。封建礼教抛身后，趁夜逃家私奔狂，此生愿得一人心，心有寄托明月朗。

这只凤，天下赋圣，司马相如名声响；这只凰，情重意浓，卓家文君小梳妆。不慕虚荣不畏贫，当垆卖酒开食坊，家徒四壁有恩爱，武帝赏封武骑郎。

这只凤，遗书封禅，长门灵赋撼八方；这只凰，慧眼识珠，白头不怨添袖香。你唱歌来我抚琴，凤兮凰兮相依傍，历尽风雨衣锦归，琴台佳偶笛箫长。

连环画封面（宗静风 绘 长江文艺出版社）

文君当垆（吴少云 绘）

中国年画——悬挂的风景

东郭先生（刘继卣 绘）

《东郭先生》

东郭性和蔼,心良善,步轻迈,恐将蝼蚁踩。一生讲仁爱,不杀生,慈悲怀,人好迂腐呆。中山有小国,狼成精,兽成灾,常在路徘徊。血盆大口张,活吃人,家畜骇,聚集祸民宅。简将军打猎,兵车行,单骑快,飞马蹚尘埃。狼王腿中箭,落荒逃,追兵埋,狼群四散败。

先生去谋官,骑毛驴,驮书袋,美景心中晒。瘸狼拦住路,神色怜,虔恭态,悲情令人哀。我本是好狼,懂规矩,行为乖,都夸咱不坏。今有军兵剿,好先生,救命快,哀求躲祸灾。怜悯起悲心,倒出书,狼如孩,藏匿布口袋。军兵追到前,为装巧,妙遮盖,兵走放出来。

狼露狰狞相,咆哮吼,口水甩,欲将恩人害。幸有老农过,忘恩鬼,负义怪,评理说明白。老农摇头笑,小布袋,身难载,如何在里待?再钻试真伪,狼进入,紧口袋,举锄使劲拍。东郭欲拦阻,被指斥,糊涂胎,不知道好歹。滥施仁慈心,助纣虐,恶难改,终将受祸害。

连环画封面(刘继卣 绘 人民美术出版社)

东郭先生(刘继卣 绘)

中国年画——悬挂的风景

小放牛（金雪尘 绘）

小放牛（宗万华 绘）

《小放牛》

三月里来艳阳天，牧童放牛到村边；山清水秀黄莺叫，鸳鸯戏水花斗艳。
羊儿吃草牛散步，牧童蓑衣披在肩；头戴草帽吹横笛，倒骑牛背脚儿悬。
那边来个女娇娃，杨柳细腰粉团脸；身穿绫罗把路赶，羡煞小童眼瞪圆。
牧童哥哥我问你，想要好酒哪里选；牧童手指北高坡，杏花村头口味鲜。
姑娘打酒送外公，路不熟来心犯娃；小童说你唱个曲，我便陪你寻酒苑。
妹妹唱来哥帮腔，这边走过那边拦；情妹情哥曲中恋，隔山隔水不隔缘。
没有铜锣没有鼓，姑娘唱歌醉心田；天上地下都唱起，歌声缭绕留誓言。
杏花满山情满坡，妹妹骑牛哥手牵；你情我意心相伴，酒香千里做神仙。
三月里来放牛忙，姑娘悄悄绣红线；牧童喜悦牛羊欢，杏花飘飞急扬鞭。

小放牛（宗万华 绘）

小放牛（东棉洋行广告）

• 中国年画——悬挂的风景 •

苏武牧羊（陆泽之 绘）

068

《苏武牧羊》

　　西汉征戈壁，欲寻求联盟，天下未太平，关系待修补。武帝派使者，中郎将苏武，家国共期许，劝君莫辜负。七尺长竹竿，顶端垂飘幅，团团毛绒球，使节拜君主。汉帝谆享嘱，深情至肺腑，使团集辕门，饮酒赴匈奴。

　　车马度阴山，薄衣沾朝暮，朔方暂歇脚，楼兰星月宿。使团有人谋，欲刺汉叛徒，单于扣人质，以怨报德福。监审并劝降，苏武挺胸立，吾是皇代表，不可受耻辱。拔剑行自刎，幸得奴兵阻，单于暗钦佩，囚禁地窖屋。饥饿吞毡絮，口渴饮雪糊，身禁想家国，叹息使命负。

　　押送至北海，荒凉无人途，牧羊十九载，受尽甘与苦。矢志终不移，使节绒毛秃，游牧见夕阳，犹如看故土。昭帝即位后，北疆重修复，又遣后使者，要求释苏武。单于不知踪，竟说人已故，使者言之凿，北海在放牧。写信寄皇帝，大雁传帛书，苏武赶羊群，狩猎并畜牧。单于似梦醒，释放并安抚，忠肝傲义胆，钢铁铸筋骨。

连环画封面
（张令涛　胡镜人等　绘　普及印书馆）

苏武牧羊（杭穉英　绘）

中国年画——悬挂的风景

倾银盆两笑留情（杭穉英 绘）

《唐伯虎点秋香》

　　黄梅的云岩，多情的苏州，乌篷微醉的眼睛，灯笼红韵的丝绸。功名与富贵早已看淡，只羡那鸳鸯戏水的诱。镶玉的书童，溢香的丫头，轻描淡写的许愿，别有用心的邂逅。斯文与儒雅早已不顾，只求那卖身为奴荡小舟。

　　一笑嫣然，二笑情陷，三笑魂丢。堂上任咆哮，帐内声色幽，哪管嘲讽结成利刀舞，哪管白眼浸得皮鞭抽。仙女面前忙调情，高山流水知音逗，你侬我侬黄昏后，春宵一刻忘忧愁。唐伯虎把秋香点，江南才子闹虎丘，才子佳人笑又颦，神魂颠倒用计谋。华相府，太师面前显才艺；苦肉计，不达目的不罢休。

　　吟诗词，对联秀，唱小调，画扇轴……倾心神往才子浪，丫鬟秋香脸娇羞。华文华武涎三尺，太师夫人气封喉，唯有太师最欣赏，端详墨宝乐悠悠。本家表姐二姑奶，诉破计策身被囚，唐寅受虐心结纠，无路可走脸消瘦。

　　幸有枝山相搭救，巧把美人攻；春风得意马蹄疾，素手荡轻舟。

唐寅画佛（杭穉英 绘）

祝枝山与唐伯虎（杭穉英 绘）

中国年画——悬挂的风景

拜月记（金雪尘 绘）

《拜月记》

秋风飒，暮雨停，蒙古大军攻金城；穷苦百姓纷出逃，妻离子散血风腥。尚书郎，察军情，妻女相送泪水涌；泥泞煮熟风雨路，骨肉冲散尸乱扔。

尚书女，王瑞兰，携母出都避祸行；遇见秀才蒋世隆，兵荒马乱拴一绳。世隆与妹逃离散，呼喊瑞莲脚不停；瑞莲瑞兰音相近，亲缘难顾乱世生。

家闺秀，变草茎，乱军掳女妇人惊；初称兄妹互关照，后成夫妻情渐浓。途中路过山中寨，寨内强寇是弟兄；世隆兴福饮酒欢，小住之后又起程。婚后世隆染病疾，尽心护理请医翁；小店遇父两相认，严父难允节枝生。门户不对白衣相，穷骏也想金枝登；强拉女儿离小店，苦别病床人不醒。瑞莲路遇瑞兰母，被收义女相依命；瑞兰归来结姐妹，金兰之好拜月亭。世隆约弟同赶考，文武状元同科登；大梦方醒阴霾散，王家忧患全扫净。

文状元，蒋世隆，千里寻妻脚不停；乌云露日夫妻聚，夫唱妇随奔前程。武状元，是兴福，身怀绝技夺功名，见到瑞莲心里跳，终成眷属人有情。

图书封面（上海文化出版社）

拜月记（吕幼安 钟鸣天 绘）

连环画封面（宗静风 绘 人民美术出版社）

073

中国年画——悬挂的风景

吴宫教战（杭穉英 绘）

《吴宫教战》

诸侯群雄起,计谋乱相争。吴王思霸业,择帅建精兵。
孙武献兵册,阖闾疑窦生。高谈阔论客,金外败絮中。
有心见长短,探看真才能。讲武并操阵,演练在宫廷。

将军点头诺,王令宫女行。娇娥一百位,佳丽八十名。
戟歪香汗浸,刀斜胭脂融。帐下掩笑声,含羞戏旗童。
环佩玉足勾,罗裳肤雪迎。君臣眯眼望,坐享观美景。

孙武脸阴沉,违纪必诛刑。令旗晃腾挪,进退锣鼓定。
再练肃分明,举刑旌旗醒。两妃排头错,处斩不留情。
令下方队整,吴王暗悲窘。痛失两娇妃,换来虎狼营。

吴宫教战邮票

图书封面(中华书局)

羲之爱鹅（顾城 绘）

《羲之爱鹅》

王羲之，爱白鹅，眯眼看，颜笑多。尾随走，鹅步阔，年年养，一窝窝。细观察，品性格，划水姿，赏体魄。头昂扬，项婀娜，展宣纸，毛笔握。

会稽郡，老太婆，手脚勤，养好鹅。集市摆，众人摸，都不买，爱不夺。羲之闻，心痒搓，约朋友，去观摩。孤老太，听人说，书圣来，手无措。

一大早，便杀鹅，迎贵人，待宾客。众人至，灶火灼，酒菜上，鹅出锅。羲之叹，友失落，扫兴归，惹了祸。有道士，想求墨，知其癖，蓄良策。

选良种，精养得，一大群，放山坡。书圣迷，心欲获，道士笑，帖换货。黄庭经，抄写过，全相赠，这群鹅。皆欢喜，两头乐，拢鹅归，醉乡卧。

羲之爱鹅（上海正兴画片公司）

羲之爱鹅图（徐菊庵 绘）

中国年画——悬挂的风景

孟母教子（吴少云 绘）

《孟母三迁》

圣有贤母素质优，未雨绸缪显身手，点石成金琢大器，良禽择木栖沙洲。
教子有方勤克俭，年轻守寡不言愁，含辛茹苦守节操，日夜纺纱织锦绣。
自幼住所邻墓地，下葬祭奠眉头皱，孩子游戏办丧事，心灵震动脸青瘦。
如此地域子女惘，环境不佳不宜留，决意搬家寻桃李，城中集市乐业悠。
闹巷尽是商人坊，此处住久也烦忧，惟妙惟肖学吆喝，你说我侃吹黄牛。
把家迁到文庙旁，孟母定居不再走，来来往往人斯文，揖礼养德行为修。
如若贪玩不读书，怒而剪布断杼轴，学以立名免斯役，废之祸患锁深喉。
孟轲从此立壮志，勤学不息丝入扣，天下名儒当无愧，子圣母仪功千秋。

孟母择邻（天津德裕公画庄）

孟母三迁（杭稺英 绘）

中国年画——悬挂的风景

孔融让梨（杭穉英 绘）

《孔融让梨》

鲁国有孔融，四岁大聪慧。家住在曲阜，父亲任都尉。
父外出返家，携带香梨回。正逢高祖寿，全家庆生岁。
兄弟分梨吃，大小排成队。母亲让孔融，来把梨分配。
长幼有分别，公平不能违。每人分一只，小梨留自归。
父亲看奇怪，小心别后悔。你拿小梨吃，岂不吃了亏。
人有老和小，树有高低位。尊老敬兄长，做人守家规。
孔融一番话，感人至腑肺。中华出奇童，人才遍南北。
人小香梨大，吃亏是福蕾。懂礼且亮节，智慧传后辈。
道德常挂心，神灵须敬畏。严教出良才，人间展锦翠。

孔融让梨（王叔晖 绘）

孔融让梨（李乐玉 绘）

中国年画——悬挂的风景

画荻教子（杭穉英 绘）

《画荻教子》

时光映北宋，儒学得复兴，科举筛人才，书画染汴京。
华夏文化承，千载演文明，清明河上卷，人间繁华景。
少时欧阳修，四岁遭不幸，父亲离世早，与娘相依命。
无钱再读书，贫寒袭家境，欧母苦无路，自学教课程。
纸笔买不起，文墨用不成，寻找芦苇秆，沙地写竖横。
教其诗书画，诵读古典经，借读并抄录，废寝忘暖冷。
读书破万卷，磨砺好品行，自幼作诗赋，成人叹服倾。
荻秆代毛笔，学养修练生，寒门诞奇才，唐宋出精英。
画荻教幼子，千万家传名，贤母造神圣，世代人崇敬。

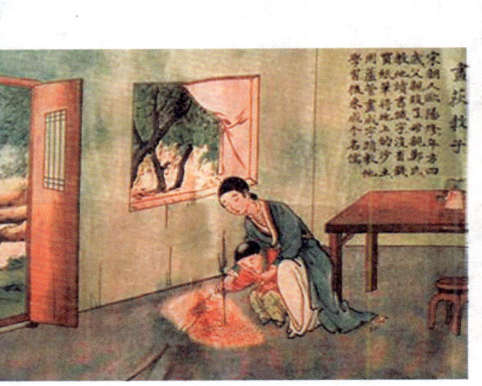

民国通俗教育招贴画

画荻教子（杭穉英　绘）

小姑贤（杨俊生 绘）

《小姑贤》

剪喜字，贴门签，姚氏娶媳裴笑脸；夫早亡，日子难，儿女抚养家教严。女儿聪，儿子孝，全家幸福邻里羡；今娶亲，新人添，婆婆心里似油煎。

媳妇过门，家务肩上担；早起晚睡，婆婆仍泛酸。女儿掌上夜明珠，儿子更是小心肝，唯有媳妇不顺眼，越看越堵心里烦。饭不可口，菜缺盐；院扫不净，灰尘现；鞋底不平，针角粗；心情不顺，话语寒。女儿不忍母偏心，把错全都自身揽，夸奖嫂子好脾气，不计得失不多言。姚母恼羞不买账，骂媳教会小姑奸，罪名又泼媳妇身，怨恨燃火窍生烟。

急中生智女儿慧，暗串哥哥把戏演；夫妻打架下死手，媳妇惨叫地上瘫。婆婆初窃喜，见出人命脚下软，心颤脸色白，人命官司祸冲天。小姑见母悔，埋怨把嫂欺，死而又复生，全家乐翻天。小姑再哭闹，自杀寻短见，怕嫁恶婆家，再遭人冷眼。姚母人心比自心，惭愧自己错在前。过家乐，小姑贤，婆媳和睦全家欢，媳妇看成亲生女，一门三贤家美满。

环画封面（王左英 绘 江西人民出版社）

小姑贤（张锡之 绘）

中国年画——悬挂的风景

钗头凤（章育青 绘）

《钗头凤》

独步量沈园,步步惊飞蛾,千词万阕断肠声,梦里惊魂魄。宫墙柳暗红烛泪,天涯浪迹欢情薄,书生落寞难展翼,凄鸿孤鸣是福祸?严母相逼娶邻女,秦桧忌才及第落,国事家事积悲怨,意冷心灰空悲歌。

蕙妹弱柳风霜摧,人瘦桃花错,斜栏冷寂笺心事,素颜偎桥索。夜不寐,姻缘破,长空雁叫锦书遮,匣小泪痕锁;经年闲,人蹉跎,玉钗凤凝落寒舍,苍苔衾前卧。

谁人识放翁,宁愿沙场征骑射;悲愤回故居,粉壁墨痕神凝惑。

酥手黄酒,沈园梦破,惊鸿遗梦泪结斑,谁之错?世情轻薄,人情善恶,千古绝唱空断魂,无须说。

风流千古（李乐玉　绘）

图书封面（上海春名书店）

连环画封面（钱笑呆　绘　上海联益社书局）

中国年画——悬挂的风景

秋香送茶（金梅生 绘）

《秋香送茶》

　　自幼卖给财主家，伶俐村姑小秋香，默默不响勤劳作，渐渐长成美娇娘。润物无声妙出落，亭亭玉立不用妆，冷唇傲齿嘴上翘，不怒自威暗芬芳。

　　教书先生外拜客，有人寻芳骟檐窗，浑身酥软念姑娘，只恨不能将玉藏。纨绔子弟多泼皮，二相公子本姓张，家有百万金银宝，最恨读书上学堂。自小恶习早养成，花天酒地身长疮，盯上秋香欲不轨，香车宝马纵沧浪。

　　张二相公唤秋香，端水送茶到书房，借机逼她作小妾，假意虚情耍花腔。威逼利诱丑态出，撩茶调戏无耻状，若不做我小老婆，把你嫁给贫民巷。东方种田流大汗，南方打鱼风浪狂，西方砍樵豺狼闹，北方烧窑沐雪霜……只有做小最安稳，吃香喝辣享安康，所欠债务全抹掉，其乐融融赛襄王。

　　秋香不屈更不从，反叫张二丑态扬，卑鄙手段不管用，唇枪舌剑斩色狼。幸亏先生回书房，张二尴尬把头藏，调戏不成遭鄙视，美梦成空不自量。

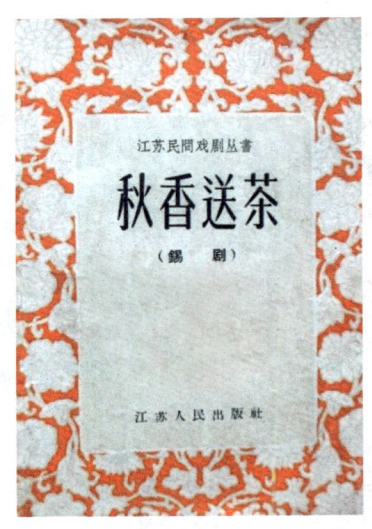

图书封面（江苏人民出版社）

老戏单（1952年）

中国年画——悬挂的风景

春香闹学（杭穉英 绘）

《春香闹学》

说不尽的才子情,唱不衰的恼人腔。书卷里,搭起黄金屋;铜镜内,颜如玉隐藏。哪个有状元梦?哪个有布衣恋?慕功名,求儒冠,朱颜伤;羡圣贤,读春秋,夜未央。

恶人劫道失银两,流落中途困街巷。穷秀才,遇见员外好运降;教书郎,请进府内掌书房。小姐花园过,似有前缘;眉眼两相望,素手焚香。家道贫寒秀才痴,高瞻仙桂、蟾宫远望;苦守清欢小姐聪,轻蔑权贵、桀骜厢王。金钗为媒订终身,发誓不相负;春闱催试不容惘,苦读铭志向。容颜憔悴,通宵不寐听鸡鸣;肠断书屋,星斗无侵凭西望。

丫鬟夜敲窗,小姐赠银两,春香相戏谑,先生掩真相;扇上题情诗,春香闹学堂,设计送书生,赴京赶考忙。科考中头名,状元守情不相忘;天道好姻缘,花轿笙锣灯笼亮。

村童闹学(谢之光 绘)

春香闹学(民国广告片)

中国年画——悬挂的风景

追鱼（金雪尘 绘）

《追鱼记》

府邸水榭，推窗触景，观金鳞戏水、碧澜荡漾的迷恋；书斋雅静，伏案思慕，见仙子凌波、美女驾云的惊艳。

金鲤思凡，思慕书生一枚，素朴和善；公子情重，奈何牡丹两朵，真假难辨。醉了，那巧笑情兮的嫣然；痴了，这呼气如兰的缠绵。自古就有藤缠树、蝶恋花、鸳鸯交颈、月圆花好；从来就是鸟投林、水绕山、鸾凤和鸣、佳人卷帘。莲衣荷裾，鱼腾水欢玉为骨，情注碧波潭；酒浊茶清，雪鳞凝肤冰做肌，浪起水云间。朱门内，种植攀龙附凤株株树；官家女，编织嫌贫爱富丝丝线。福兮祸兮，哪管它是包公的令、天师的咒、灵官的胄甲鞭；缘起缘灭，哪管它是咸腥的风、苦涩的雨、天神的霹雳电。

相拥渡口雾打船，云乱烟斜且巫山。心相爱，岸无沿，四目茫然空缱绻。

远远地飘来，旖旎云悬，竟是那，救世观音法力无边。等待救赎，仙手灵显封鱼篮，菩萨成全，人鱼还待深修炼。凄美爱情恍隔世，幸福时刻总太短。离别那一刻，泪雨潸然，回头是思念，转身是恩怨……

图书封面（广益书局）

追鱼（魏瀛洲 绘）

中国年画——悬挂的风景

柳毅传书（吴哲夫 王柳影 绘）

《柳毅传书》

洞庭水，水流长，千里泛波向何方？小泾河，暗彷徨，唱起小曲独忧伤。过路人，驻足望，君可见龙女三娘想家乡？远行者，且下马，君可知洞庭公主痛断肠？父母指婚太牵强，姻缘无爱存祸殃，昏昏沉沉渐冷漠，贞女却逢薄情郎。风流孽龙行为狂，娶妻之后不同房，远嫁泾水遭遗弃，龙女被贬去牧羊。思往事，眷爹娘，血书溅泪妆，遥望远方瞻月亮。秋风高，雁彷徨，谁是传信人？谁能救我出苦疆？

风雨途，科考忙，书生经过心惆怅；天穹苍，暮色黄，牧羊女子好凄凉。人间常有不平事，神仙也会遭祸殃？如此悲伤经不住，走近身前细打量。患难相助君本色，解愁分忧男儿当。劝公主，莫悲伤，柳毅传书到故乡；借玉簪，行万里，一纸书信囊中藏。为救公主何所惧，山高水远披风浪；为了诺言何悔怨，惊涛骇浪斗虎狼。

秦岭青纱远，云海变牧场，长安古道隐，月船过大洋。红日吐波连星月，水天相接洞庭桨。千辛万险捎书到，苦尽甘来龙宫慌。大队人马迎公主，姑娘情系柳毅郎，龙王一家知恩报，奇缘佳话结鸳鸯。精诚金石开，报恩流水长，龙女化身成美眷，重义书生美名扬。

图书封面（何玉门 李天心 绘）

柳毅传书（谢慕莲 绘）

龙王嫁女（吴光宇 绘）

《张羽煮海》

大海水蓝蓝,海浪舞翩翩,少女小琼莲,海边独孤怜。本是龙王女,姐妹排在三,心灵手又巧,貌美秀色餐。自小玩海边,景色在人间,憧憬情与爱,龙宫无波澜。忽听琴声悦,梅花水云间,偶遇一后生,竹篱两情牵。张羽自幼孤,生活山里面,琼莲赠鲛帕,秋冬能御寒。

深夜相道别,夜夜不成眠,花开花落去,两边佳期连。月缺月又圆,张羽找琼莲,无惧山路险,荆棘焉能拦。龙王家法重,思凡触龙颜,破坏家规罪,西宫坐牢监。被囚心烦忧,不愿做神仙,纵使闹龙宫,与君乐田园。幸有梅香策,三宝梁上悬,锅勺和铜钱,盗来渡难关。张羽得宝物,煮海投金钱,大骂龙王昏,欲将海煮烂。

龙王瞪圆眼,软硬把他骗,富贵相诱惑,张羽柴火添。眼看海水浅,龙宫热浪翻,龙王眼冒火,认输免遭煎。金桥通大海,喜把新娘牵,拉手回家转,恩爱续前缘。

图书封面(上海文化出版社)

连环画封面

张羽煮海(王仲华 绘)

中国年画——悬挂的风景

刘海砍樵（汤时芳 绘）

《刘海砍樵》

携一把铁刀,走遍山麓砍荆棘;留齐耳短发,勤劳忠厚却顽皮。童稚未褪就养母行孝,小小年纪即卖柴买米。只因家贫如洗父早逝,只因母亲眼盲身残疾。小刘海,尽孝义,感动了一只成精的狐狸,聪明机智;慕少年,盈爱意,化身为一位年轻的姑娘,模样俏丽。

等到那莺飞柳舞春光好,风和日暖百草绿,砍柴的樵哥下山来,巧遇见秀英富家女。一见如故诉身世,两情相悦雀鸟栖,男耕女织共憧憬,山盟海誓泉水碧。

自古好事难成全,真爱遭人嫉;古井跳出大金蟾,疯狂来偷袭。柴刀挥舞珍珠闪,一对恋人同协力。金蟾大王被打倒,伏地求饶气喘吁。

剪一段丝线,丝瓜井内钓天蛙;骑蟾背腾跃,金蟾吐钱万民益。

刘海戏金蟾,步步钓金钱;行孝得神助,砍樵惊天地。

图书封面(董天野 绘 北京出版社)

刘海砍樵(汤文选 绘)

中国年画——悬挂的风景

嫦娥奔月（吴少云 绘）

《嫦娥奔月》

寒烟短,云河长,衣袖零落沾雪霜;青眉冷,朱唇僵,难见伊人描红装;笛箫悲,容颜黄,刹那芳华独彷徨;夜难眠,人倚窗,一缕相思披月光。

王母凶,仙药强,偷食灵丹精气爽;身轻盈,眼眸亮,直飘天际心神慌;后羿追,娥回望,恩爱夫妻情断肠;玉脂白,兰麝香,桂树绰约美酒酿。

蛇相助,蟾相帮,月桂树下会吴刚;伐斧闪,醉琼浆,勤劳玉兔捣药忙;恨无知,少轻狂,嫦娥有悔暗惆怅;草木情,孰能挡,青丝缠绕度沧桑。

英雄箭,美人帐,古韵流转舞霓裳;香案设,仰头望,佳期盈怀求吉祥;蝉鸣凄,烛影双,广寒宫内风尘凉;镜明清,繁星朗,遥祝地老共天荒。

连环画封面(杨锦文 绘 东亚书局)

嫦娥奔月(金梅生 绘)

中国年画——悬挂的风景

天女散花 （谢慕莲 绘）

《天女散花》

　　紫气东来霞弥天，花祈幸福雪兆年，日月太平享盛世，梦有白衣戴金冠。恍然依稀映珠帘，金光普照端坐莲，度化众生神明佑，踏遍奢华断痴念。口诵慈悲云路宽，美轮美奂香国现，心如菩提树下悟，不羡天宫羡人间。

　　灵光千丈颜舒卷，善财龙女两厢站，国色天香转瞬落，百媚千娇有谁怜。香火袅娜院门掩，聚散有情凡尘间，采得仙花人亦老，犹抱琵琶半遮面。上善若水生春色，大爱无疆法无边，玉臂轻纱花瓣雨，佛手一指摇花篮。

　　不喜不悲听梵歌，万念向善化劫难，沐花颖悟功名短，闭门思过静修炼。顶礼膜拜何须眷，蛙落井底供金蟾，一切随缘得自在，铅华褪尽现涅槃。碧水青山绿万园，万物过眼似轻烟，祥云驾瑞风歌起，天女散花舞蹁跹。

民国时期招贴画

天女散花（赵梦林　绘）

中国年画——悬挂的风景

八仙弈棋（徐果禅 绘）

《八仙过海》

八位神仙海边停，美酒易醉宝器灵，闲云野鹤游山水，各破劫难浊梦醒。
纯阳祖师吕洞宾，傲骨飘逸面濯清，天遁长剑尘缘斩，荣不欢喜辱不惊。
莲花公主何仙姑，济世渡生慧质伶，神人入梦食云母，白日飞升晓风轻。
云房先生汉钟离，唇脸如丹袒腹横，坐卧酒壶常相伴，焚金跨虎赴约盟。
跛足圆眼铁拐李，蓬头垢面药膏硬，普救众生走街巷，百姓拥戴封药圣。
手执简板张果老，倒骑白驴耳倾听，踏破红尘藏仙洞，劝化世人念善经。
吹箫少年韩湘子，倜傥风流俊小生，奇术生花行怪异，妙有天工踪无影。
登云掷梭蓝采和，衣破蓝衫春树茑，群山嵯峨鸾驾凤，碧落涯底看繁星。
正襟官衣曹国舅，累积阴功两袖清，散尽家财潜境界，修心炼性入仙营。
白云仙长邀蓬莱，牡丹盛开浪奔腾，八仙五圣神通现，乘风逐浪踏歌行。

图书封面（民国时期）

八仙过海（白礼氏洋烛公司广告画）

中国年画——悬挂的风景

麻姑献寿（杭穉英 绘）

《麻姑献寿》

天资聪慧村姑贤，心灵手巧好针线；替人刺绣能赚钱，主人赏桃点头赞。
快步回家往家赶，桃子须由父尝先；路中人群围一圈，黄衫婆婆躺地面。
兵荒马乱人挨饿，倒在街上无人管；蹲下身来扶婆婆，桃子喂她果肉甜。
婆婆醒来要喝粥，麻姑扶至小屋檐；生火煮粥父变脸，锁到闺房泪洗面。
夜深人静跑出来，人已无踪光影暗；月下桃核留一粒，种下竟然奇迹现。
正月开花三月结，又大又红桃似仙；吃下几天不觉饿，疑似仙女来下凡。
父亲军中屡立功，封为将军衣锦还；麻姑救灾医伤兵，父亲恼怒锁牢监。
深夜一扇窗户开，一位婆婆穿黄衫；劝说父女缘分尽，请跟我走进深山。
婆婆原是黎山母，度她入道修成仙；桃核本是天上物，麻姑献寿惠人间。

献寿图（罗成 绘）

麻姑献寿（民国月份牌）

麒麟送子（朱幼亭 绘）

《麒麟送子》

　　麒麟为仁兽，象征以吉祥，为人传子嗣，人间供案香。童子持莲花，骑在麒麟上，麒为雄来麟为雌，狼头麋身牛尾扬。

　　妇女围龙转，痴心求子忙，纸龙驮真龙，良辰美景现。花好月更圆，心有灵犀荡，才子佳人浴爱河，不羡神仙羡鸳鸯。

　　大梦孕灵童，金玉泛红光，脚蹬祥云落，回首寻八方。笙竽伴仙姑，琴瑟牵牛羊，族茂蘼践金玉缘，宗固磐石酿杜康。

　　麒麟吐玉书，圣人出厅堂，'水精之子孙，衰周而素王"。积德苦行善，知书达理纲，轻风翻书读岁月，铁矛蘸墨画三疆。

　　天上麒麟儿，地上状元郎，经世良才长，辅国贤臣将。龙兽凤龟追，风顺黎田桑，楼台灯火乡音婉，家族繁衍人丁旺。

民国时期架镜工厂广告画

麒麟送子（丁云先 绘）

中国年画——悬挂的风景

《宝莲灯》组图（董天野 绘）

《宝莲灯》

　　静寂的禅房，飘出梵音，赶考人宿华山，乱云逡巡。游弋的心，被香茗缭绕；夜的蜜意，被欲望渗浸。本是娘娘仙宫西岳圣地，岂容凡俗将云雨吐吞？酌水献花，偏偏溅湿了芙蓉裙，道眉脉涌。九天仙女下瑶台，恋上凡尘。

　　莫笑痴，书生彦昌得一宵好梦；踏天条，仙台圣母获一脉胎音。

　　一线牵千里是姻缘，两只鸟比翼忘晨昏。爱相依，结佳偶，殊途情真；考期近，惜别时，难舍难分。祖传宝灯倾相赠，私配凡夫乱天规。青颜暴虐，二郎神惊冲冠怒；大祸临头，三圣母无所逃奔。婴孩初落生，泪嘱灵芝送郎君，洞中丢珍宝，华山压顶受沉沦。

　　小小沉香，长成少年，霹雳大仙，点石成金。偷吃仙桃，脱胎换骨，披星戴月，寻救娘亲。

　　亲娘舅，自狂贲；哮天犬，獠牙筋。刀来斧往，山摇晃，江海翻；胜负难分，众仙助，天酬勤。盗回神灯，胜凶神救母归；神斧劈山，天地崩劫难尽。暮暮朝朝，娘盼儿，掩泪痕；忘情江湖。神灯映，似星辰。少年狂沉香，劈山救母；宝莲灯神光，震妖慑神。

连环画封面（杨锦文　绘　东亚书局）

宝莲灯（李慕白　绘）

中国年画——悬挂的风景

洛神（谢之光 绘）

《洛神》

洛河弱水，映谁之容颜？翩若惊鸿，美如轻云遮了皎月。洛河弱水，浮谁之身影？宛若游龙，灿似流霞醉了麦秸。银河碧落，汉宫檐阙，弥漫的雾湿了肌肤，春情倾泻。旋即缥缈遇霜冷，一汀烟雾凝眉结，闭目圆满，睁眼残缺。

河洛之神，犹负相思债，自伏羲仙苑而来，迤逦婉约。汉滨游女，翩跹入雁阵，经湘水神妃引路，涛急风冽。金玉丝带痴缠一抹笑靥，寒冰肌骨凝固一脉情劫。今生抑或来世，醉卧抑或迷失。

携神女含辞未吐，卿子建傲枕旷野；踏流芳微步凌波，美宓妃低慕乞悦；瞻芳踪碎影恍惚，人神眷生死离别。相遇在深宫院内扑蜂蝶；相爱在书房檐下跳香阶；缅怀在熏炉烟飘躬拜谒。是人是神？神鼓玉鸾山水约；渐近渐远？沙洲回望心不竭。却见有人怅然伫立，荡九曲回肠，依依徘徊，嘤嘤凄切；跑断腿胕河畔寻觅，悬万念成空，荡荡灰飞，袅袅烟灭。

丽日飞霞罗袂轻，祥云伏首如鬓贴，双丝缠绕梦中人，遥望洛川仰天阅。

连环画封面
盛焕文 盛鹤年 绘 江苏人民出版社）

洛神（丁云先 绘）

中国年画——悬挂的风景

东方朔偷桃（金梅生 绘）

《东方朔偷桃》

汉武大帝寿辰日,青鸾飘然降蓬莱,王母携桃来祝寿,七枚蟠桃宴上开。王母食两只,五枚武帝填肚袋,齿颊顿生香,甘甜无比通经脉。

山珍海味香,珍馐佳肴摆,鹤发朱颜叟,闻桃飘然来。桃核个个似精灵,爱不释手帝把玩,欲将精灵留人间,植种仙桃在宫外。王母听了笑,仙桃岂是凡间物,地上种不生,天上成熟三千载。

朔仙隔窗向里窥,大殿南厢站门外。知是侍郎东方朔,帝之近臣老学台。武帝欢心说此人,学识渊博风趣歪,天文地理无不晓,辅佐汉室栋梁才。

王母一瞥忽记起,这个小孩曾不乖,偷吃我桃有三次,顽皮不改贬下来。王母嗔,帝惊骇,偷桃小儿郎,原来是仙胎。王母琼浆酒相赐,忠言戏语童叟猜,天上诙谐人间乐,一万八千岁,寿星众人拜。

东方朔偷桃图(冯超然 绘)

东方朔偷桃图(刘奎龄 绘)

中国年画——悬挂的风景

萧史与弄玉（吴少云 绘）

《萧史弄玉》

琼楼玉宫箫声长，龙凤逡巡彩云祥，栏前天人蹚水榭，过隙光影叠韵香。
箫管不慎遗美玉，人间霞蔚含烟墙，凤凰台上心何处，青眼黯淡菊花黄。
玉落皇家酿佳梦，帘卷春秋度夜霜，穆公得宝藏娇女，闺楼镜下晓梳妆。
女儿红宵玉壶寂，梦中寄情栖沧浪，华山崖畔俊郎吟，洞箫良缘舞红裳。
穆公差人寻梦去，华山少年崖下藏，枝琼鳞烁名萧史，羽冠鹤氅吹笛郎。
上界仙人把玉寻，同归殊途温柔乡，芳心双系无旁骛，宫阙彩岫绘鸳鸯。
夫教弄玉作凤鸣，十数年里山川荡，箫笙合奏颂恩爱，引来凤凰檐下唱。
天人作合龙凤迎，去留有意心彷徨，萧史乘龙玉乘凤，轻烟腾空星崖上。

龙凤呈祥（吴志厂 绘）

笛声引凤（周柏生 绘）

红绡金瓯进香桃（倪耕野 绘）

中国年画——悬挂的风景

《昆仑奴》

那曾是玉箸举馔、金炉泛香的长安,那曾是昆仑奴、新罗婢遍地的贞观……大将军郭子仪,朝中一品官,府邸金碧高墙深,家奴歌伎满庭院。高官生病疾,崔生前来拜,替父探望嘘暖寒,一品愉悦喜欢颜。唤出姬女身边侍,糖水浸桃端嘴边,羞涩腼腆不敢食,以匙相喂唇齿间。

忘不了那牵肠连肺的惊鸿,忘不了那星眸烁闪的蜇咬,忘不了那手指相触的瞬间。流连于玉手敬茶的纯净,流连于衣袂摇摆的神往,流连于空闺长叹的迷恋。如玉的少年,虽性禀狷介、清雅安详,终抵不住爱情的魔力,相思成病,梦寐熬煎。

一朵桃花开,埋在了青瓦高墙擎屋檐;一条红绳系,拴住了玉女情郎双飞燕。云水间放逐慕情,飘去寻飘回;昼夜间浣洗心事,浊净两不怨。最忘情的是告别后的相送,绝代美人泪含眼,手语相示,三指翻三掌,小镜晃胸前。轻轻说声要记住,怎能不叫人痛切肤,顾生怜。

昆仑奴,大黑脸,襟怀问事懂心意,破译手语柔肠添;犒酒肉,深施礼,誓为主人解忧烦。十五夜月圆如镜,磨勒束身深宫探,一身轻功,走壁飞檐,链子锤下凶犬毙,携背主人潜庭院。找寻那云屏依翠的地方朱扉半掩,终见那不施脂粉的佳人满面疲倦。再相见,心结缘;随君去,命相连。情愿为奴仆,也要逃牢监,侍君在身前。磨勒功夫深,鸡叫天明现,衣服妆奁背三次,驮回两人踏惊险。

连环画封面
(张令涛 胡若佛 绘 河北人民美术出版社)

昆仑盗红绡(杨禹之 绘)

中国年画——悬挂的风景

云中落绣鞋（李慕白　金雪尘　绘）

120

《云中落绣鞋》

王府豪宅竖高墙,小姐被掳深山降,妖风掠起烟尘翻,九头怪鸟心狷狂。云中绣鞋落,佳人泪眼漾,入洞伴妖孽,金钗身下藏。官府遍寻全城乱,王爷悬重赏,谁能救出郡主回,招婿配成双。

猎人两兄弟,寻烟追赶至洞旁,石义捡绣鞋,下洞救美刀泛光。

九头鸟,命九条,修炼千年蛮力强,为娶郡主拼了命,得胜归来饮酒浆。

洞中相会树临风,阴冷腥臊手冻僵,虽然不辨人模样,两情相悦似蜜糖。趁鸟大醉快动手,砍瓜切枣乱刀晃,一气砍掉头九颗,救起郡主肩上扛。

洞口小,一人上,临别金钗赠石郎,王恩揽玉出洞口,石块泥沙封洞忙。歹人花舌巧如簧,扶女回府骗功赏。石义洞里暗落泪,结义兄弟黑心肠,幸有兔仙来相助,逃出妖洞赴婚场。骗子招郡马,婚礼欲拜堂,石义挺身揭真相,绣鞋金钗证为双。郡主亲盘查,听出救命恩人腔,王恩被捉遭法办,花堂换新郎。

图书封面(广益书局)

云中落绣鞋(龚景允 绘)

中国年画——悬挂的风景

三戏白牡丹（杭穉英 绘）

122

《三戏白牡丹》

纯阳祖师游凡间，万全药店停堂前，有意刁难白店主，四味药材买周全。
烦恼膏加怨气散，如意丹与称心丸，如若没有休开店，关门歇业摘牌匾。
店主听了脑袋大，无言以对心忧烦，忽然一声女儿出，美貌如花声音甜。
办事谦逊如意丹，事事和善怨气散，惹是生非烦恼膏，做事勤快称心丸。
纯阳真人眼一亮，仔细端详爱意添，继续为难打主意，洞宾三戏白牡丹。
一见钟情脸绯红，相互戏趣凡仙恋，生性刁蛮一朝改，惜玉怜香胶漆黏。
暗施法术杏林出，花前月下酒醺酣，云雨翻覆鱼水跃，酒色财气有仙缘。
好酒助诗爱女色，贪恋红尘人情暖，不拘小节形放浪，好施乐善醉洞天。

图书封面（香港祥记书局）

民国画片

吕洞宾瑶池会牡丹（霍淑清 绘）

· 中国年画——悬挂的风景 ·

红线盗盒（谢之光 绘）

《红线盗盒》

兵壮马肥魏博兴，欲吞潞州；战事若开生灵苦，豪强争斗。敌强我弱差距大，薛嵩烦忧；侍儿红线走上前，为君出手。万绿丛中一点红，体轻身秀；会弹月琴通经史，衣软裙柔。

薛嵩暗喜发指令，授命探究；一更复命五更回，脚挂吴钩。风儿缥缈云轻淡，密潜营口；劳累辛苦哪得顾，蹑足谯楼。鱼龙宿稳波浪中，将军酣酒；帅帐印盒顺手偷，转瞬回走。薛嵩派遣使者去，修函印承；看见印盒惊失色，暗思眉皱。若不盗盒取脑壳，行刺命休；薛嵩部下有强将，吞意回收。

愿得两和黎民乐，亲近左右，各守疆土莫生事，红线解愁。

连环画封面（黄子希 绘 天津美术出版社）

红线盗盒（任率英 绘）

中国年画——悬挂的风景

待月西厢（金梅生 绘）

《西厢记》

兰闺久居，寂寞深浅，佳人独镜慢梳妆；诗书女红，婵娟仰望，花园雕楼凭空荡。挡住了春心，一堵墙；遮住了欲望，大西厢。

普救寺里巧邂逅，书生多情小姐慌，一见倾心方寸乱，两情相悦共彷徨。强人围兵，欲采香；夫人招婿，退兵帐；张生修书，借援军；化险为夷，帘遮窗。平安归，老夫人绝口不提婚姻事；心事忧，崔莺莺相思成灾脸枯黄。应怜长叹者，墙里墙外柳枝残；不见月下人，急煞丫鬟小红娘。夜深人静，后花园内巧安排；琴声锦瑟，欲火焚心跳粉墙。掩面娇羞花解语，云淡风轻流萤藏。珠帘卷人影，春宵一刻，隐约桃花浮现；月夜燃香火，花影重叠，弹琴诉说衷肠。

夫人察觉怒火烧，审问莺莺拷红娘，伤风败俗名声毁，再无颜面拜庙堂。红娘小，有主张，人小鬼大不寻常，据理力争辩是非，夫人无语回寝房。

好俊朗，一个张君瑞，风流倜傥少年郎；好清秀，一个崔莺莺，翩跹仙女舞霓裳。赢得美人归，穿越那堵墙；双飞比翼鸟，情定大西厢。

西厢记（李慕白　金雪尘　绘）

连环画封面（于濂元　汤义方　刘锡永　绘）立化出版社　时代生活出版社　联合出版

图书封面（广益书局）

中国年画——悬挂的风景

待月西厢下（金梅生　绘）

西厢图（金梅生　绘）

西厢记（金梅生　绘）

西厢记（莫治康　绘）

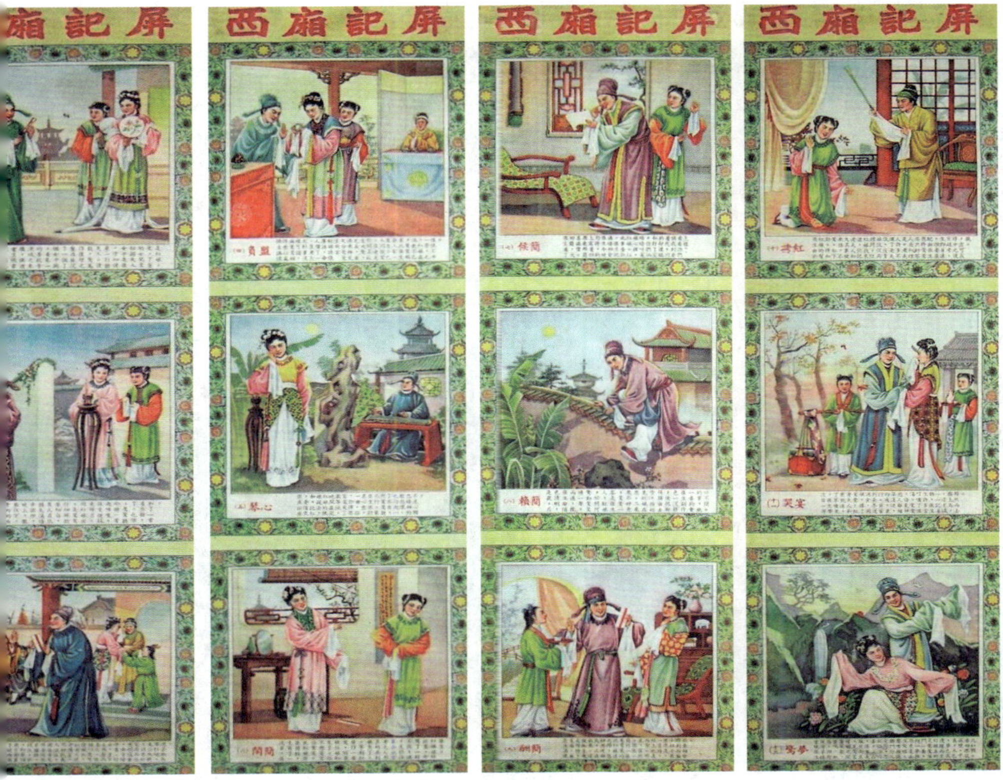

《西厢记》四条屏（董天野 绘）

西厢记（杭穉英 绘）

《西厢记》

中国年画——悬挂的风景

李香君（谢慕莲 绘）

130

《桃花扇》

那琴乐扑面、歌吟撞怀的是秦淮楼垂垂卷帘的奢华；那酒浆四溅、脂香萦回的是木舫船窗窗推开的潇洒。不要说风清水冷人情薄凉，也不要说斗转星移红颜易换；相思的公子，披一袭青衫，楼前等候，心不乱，眼不眨。烟雨间，一把绢扇契生死；复社里，讨奸伐逆江山画。

凭雕栏，抚榭台，两厢爱慕诉衷肠；轻牵手，慢弹捻，一脉暖意湿罗帕。丹青墨香，在扇骨间游走；赠诗题扇，约誓金陵城下。沉醉，羊脂云霞；倾心，满面桃花。

歌舞升平难扶将倾大厦，酒池肉海难掩离别牵挂。义士悲壮可能点醒王朝的昏庸？弱女示节可能抵御奸党的淫吓？清兵压境，忠良孤掌难鸣，文人相形见绌，青楼里红妆变素面，忧国断肠声声哑。

悲欢离合，溅脏诗扇；命运沉浮，葬了芳华。一枝桃花蒙尘，自扇面中探出了芽。而今扇破人空，山河破碎，桃花遗落在谁家……

图书封面（广益书局）

桃花扇（郭安祥 绘）

桃花扇（任率英 绘）

中国年画——悬挂的风景

牡丹亭（金雪尘 绘）

132

《牡丹亭》

烟尘里,卷起一帧题诗画像;书生,抖落袖中的幽怨,走远。穿越阴阳,因贪恋一帘风月。情愿醉生,孤魂惊日月,幽媾任凭栏;宁可梦死,旧事已无助,新愁竟再添。为了雕栏的寒,荼蘼醉云鬟,状元现临安;为了香裙的软,生死无眷恋,晨昏祈冥判……

酒花有多醇,牡丹就多艳。渐渐追来的脚步声,等得凄凉,听得无眠。不会再有亭畔幽会,无须再次加炭添盐,只要来到后园闭目静坐,那消瘦的佳人必会手持半枝垂柳,再续缠绵。她自《关雎》的浅唱里迤逦而来,她自《小雅》的顾盼间婆娑而现,她自《采薇》的巧笑中蜿蜒而回,她自《蒹葭》的洲渚旁缱绻而远。于是,他们重温了窈窕淑女、君子好逑的激情,他们经历了白露为霜、在水一方的熬煎,他们验证了青青子衿、悠悠我心的冥誓,他们演绎了与子偕老、死生契阔的痴黏。

官家总爱埋葬绚丽的梦,名门总爱斩断奇异的缘。内心的悸动,能够唤起青春的觉醒;真爱,才能点燃生命的烈焰。

游园身倦,泣鬼饮云烟;梅柳萦怀,最爱是牡丹。

牡丹亭(徐福根 绘)

游园惊梦(莫治康 绘)

中国年画——悬挂的风景

《玉堂春》组图（谢慕莲 绘）

《玉堂春》

金钗黯，灯影碎，楼台琴声人不醉；衣襟湿，戏台灰，水袖翻舞蝶不飞。唱腔哑，戏眼魅，青院花枝蘸露水；捻琵琶，锣鼓吹，银两散尽鸨厉眉。

承诺仍柔软，誓言扔敲槌，不畏世炎凉，同偕白首相依偎。而今遭逐成乞丐，庙台潦倒捏花蕾。短别离，长相追，赴庙赠金送君回。功名重，奴身微，红颜凋零终不悔。

宴席散尽杯盘乱，思念公子心憔悴，摇钱树壮不摇钱，花魁被卖风雨摧。富商买回做小妾，带回家中祸相随，妻犯奸情毒亲夫，反诬苏三受刑罪。

人心毒，官受贿，一根铁链锁红梅；王公子，中状元，八府巡按帽镶翠。苏三起解过洪洞，一路哭诉一路悲；死牢之中遇救星，微服密访辨是非。

三堂会审断公案，奇冤千古留余味；金台相拥花溅泪，金龙终携美人归！

玉堂春（陈继武 绘）

玉堂春（清宫戏画 佚名 绘）

《秦香莲》组图（张锡武 绘）

中国年画——悬挂的风景

《秦香莲》

袖里山水，檐下花鸟，本是美满好姻缘；娇妻缠怀，儿女绕膝，相守田园赛神仙。只因羡慕仕途路，寒窗苦读多少年，盼着那一夜成就功名现；只因心头藏夙愿，京城赶考离家园，盼着那锦袍玉带身上穿。

久别之怨诉流水，却见不到远方渐行渐近的红帆；相思之苦寄雁阵，却没有鸿雁飘落到你的窗前。一把琵琶，弹响了沿途苦苦的寻夫路；他乡风雨，淋湿了村镇袅袅的梦炊烟。老街盐道的乞讨、弱水桥畔的断弦、牵儿扯女的纠缠、油纸伞下的泪咸……前世今生望江南，难道竟是满眼无边的幽怨？游走世间求团圆，难道竟是一路不尽的沟坎？

浓淡熏风，年来岁往，吹皱了岁月的脸，也吹走了旧日曾经的誓言。思念中的夫婿，早成了皇家的驸马，匍匐在公主的细腰下香裙间。泪水滂沱，千呼万唤不回转；走投无路，匹夫断袖添杀念。

谁能舍掉富贵荣华？我弃！负情人铁石心肠任熬煎。谁能吞咽害子灭妻？我告！弹琴女衙前呼号声声慢。谁能忍受始乱终弃？我铡！黑包公一怒冲冠敢逆天。

青天露日烟云散，梅花报春眉宇间；戏台锣鼓笑红尘，庙堂青衣扫尘缘。问前世，为什么不剪断那么多的眷恋？叹今生，还有什么能比得上劫后余生的圆满？

连环画封面
（张令涛 胡镜人等 绘 普及印书馆）

秦香莲寿堂唱曲（金梅生 绘）

中国年画——悬挂的风景

贩马记（谢慕莲 绘）

《贩马记》

行宿驿栈雁徘徊,马蹄深浅,劳苦挂塞外;离家贩马,家眷欢悲,凭空添祸灾。丧妻再续天色变,儿女受虐欠新债,寻找亲人南北路,离情覆水难释怀。千里回家颜面黑,新妻如虎,管家似狼,明镜罩阴霾。眼蒙尘,心添堵,牵挂泪浸腮。求真相,追疑窦,拷问丫鬟,侍女胆怯悬梁台。人命关天家中乱,恶人诬陷并谋害,买通官府,谗言尽献,问成死罪囚监挨。

儿女寻亲路,途中猛虎埋,姐弟惊失散,命运各自改。梦断女儿忧,独上龙舟,嫁得如意妙君郎;县令阅卷宗,开牢问案,方知岳丈遭冤灾。自知权小案难改,夫妻巧安排。

鼓乐响声急,天朝来钦差,女扮男装藏诉状,桂枝喊冤人惊骇。钦差是保童,姐弟抱头痛悲怀。失散饥难耐,昏倒被人抬,大户家中收义子,刻苦读书,科考及第,二甲进士帝钦拍。两省巡按亲审案,为父解锁,跪倒伏拜,惩处坏人还清白。蒙冤得昭雪,一家终团聚,儿女双奇会,满门贴花彩。

唱片封面

贩马记(华西岳 绘)

139

井台会（张锡之 绘）

《白兔记》

　　浮生苦寒，年少无依附，家业废，前程黯，忧在家门前。流落荒庙，失魂又落魄，似熬煎，幸有李公相留。做佣工，一身好武艺，瓜园大混战，获得兵书和宝剑，告别三娘投军团。

　　三娘受歧视，决不改嫁忍苦难，磨坊产一子，咬断脐带无人暖。兄嫂害子抛荷池，窦公水边捡，含泪取名"咬脐郎"，玉兔信物挂脚尖。托人送子寻知远，辗转军帐前，谎称改嫁去，兄嫂使逸言，知远抱儿眼泪翻。养儿郎，战功频立，骁勇善战官运通，另娶岳氏，相依相伴。

　　十五年后郎长成，命儿探母沙陀湾。少年将军刘承佑，箭伤白兔引井边。巧相会，母子井台前，玉兔信物现，发现百感添。一封家书情深切，元帅悲喜进退难。深明大义，岳氏高节亮，最高礼仪迎团圆。心绝望，三娘得重病；一念闪，玉兔指点步蹒跚。马蹄声响人渐近，大队人马踏冰寒。夜光亮，灯火闪，人心震撼老井边。母子相认，泪婆娑，抱一团；乱世姻缘白兔牵，苦难夫妻终相见。

图书封面（广益书局）

连环画封面（陈缘督　金协中　绘　天津人民美术出版社）

《琵琶记》组图（郑慕康　周楚江　绘）

《琵琶记》

寒门一方天,流水匆匆过;仕途一条路,花月纷纷落。

谁家的书生?薄衣粗食科举路,孤身漂泊越城郭。谁家的妻女?草席敝屣糟糠妇,含辛茹苦侍公婆。偏偏有"朝为田舍郎、暮登天子堂"的美梦成真,偏偏有"状元攀高枝、丞相招龟婿"的红运迷惑。

风雨的中原,大汉的日月,蔡伯喈上京赘豪门,赵五娘守家忍寒饿。三载光阴,度日如年,陈留遭灾,哀鸿遍野。可怜五娘暗吃糠,粮米留着奉公婆。不幸饥荒公婆丧,贞女剪发去卖唱,换来墓地筑坟茔,麻裙包土埋棺椁。

唱乞食全忠孝弹,琵琶吐怨;千里寻夫贞烈女,焉知福祸?

五娘寻至牛府,身世相告;牛氏善良贤淑,心手相握。蔡郎五娘相见泣,一男携二女,一家情难舍。伯喈上辞官,同归故里,庐墓守孝双妻托。丞相鼎力挺,皇帝下诏,旌表蔡氏助香火。

千百年功名利禄,换来千百回的生死恩怨;千百种酸甜苦辣,换来千百次的悲欢离合。

连环画封面
(李红兵 绘 河北美术出版社)

连环画封面
(笔如花 屠全枫 王定璋 绘 武陵书局)

图书封面(广益书局)

中国年画——悬挂的风景

宇宙锋（杨俊生 绘）

《宇宙锋》

嫁入匡门，伊人夹中间；门当户对，亲事让人羡。本是儿女好姻缘，亲家反目生幽怨。这一边，生父赵高郎中令，却趁秦皇病熬煎，篡改遗诏；那一边，公公匡洪大丞相，得赐一把宇宙锋，利刃宝剑。这一边，立胡亥少子专权，指鹿为马杀无辜，欺君戏主；那一边，秉性刚直尽忠职，痛斥奸佞行不端，肝胆高悬。

咽恨难消亲家仇，奸人设计，盗剑刺二世，宇宙锋利刃寒胆。匡洪身陷死囚牢，罪欲抄斩，幸有忠良救，华山聚义抗暴权。好女艳容心凄惨，自悲叹，良缘难百年。接回府，龙车凤辇，欲将皇帝献。一口剑，斩姻缘，相公逃离在天边；悲愤间，玉阶前，以身抗暴抛头面；拒进宫，装疯癫，登殿骂君斥父奸；见皇后，揭真相，诉说匡家案奇冤。

皇后婉言把君劝，匡洪死罪被赦免，奉为护国委大任，官复原职还宝剑。赵高篡位，未料风云遭突变，举兵造反，逼杀二世夺江山。心急切，抢玉玺，危殆之际义军到，匡扶率军平叛乱。日出乌云阳光现，恩爱夫妻重团圆。

连环画封面
（冯志超 绘 湖北人民出版社）

宇宙锋（金梅生 华西岳 绘）

中国年画——悬挂的风景

挑女婿（王柳影 黄子希 绘）

《拉郎配》

　　钱塘三月，阳春织锦绣。何处传来惊雷霹雳？骑队风尘来，钦差捧旨选秀。凛凛的鞭鸣，嗒嗒的蹄响，敲打那家家恐惧，撕扯那户户愁忧。

　　消息布散，城郭颤抖。百姓疯狂抢男丁，强拉硬拽附引诱；街巷到处拉郎配，前呼后拥好男愁。红颜祸，哪家可幸免？有女之家如斗兽。清影飘，筝弦怎独弄？郎叹花凋朵朵皱。

　　儒雅少年李秀才，游学归途连遭囚，跳房破院越高墙，栖身无处向谁求？张家有女娇彩凤，女扮男妆被强留，当街疯抢引纷争，公堂之上辩缘由。

　　秀才遇彩凤，秋波暗相丢，互传情愫订终身，姻缘巧配传风流。岳父眉梢翘，黄犬向天吼，钦差堂上代审问，洞房之外月如钩。

　　游四方，解不开那蝴蝶结，脂醉清秋；荡江湖，拆不散那鸳鸯缘，风满衣袖。

《拉郎配》组图（李成勋　绘）

中国年画——悬挂的风景

无题（丁云先 绘）

《望江亭》

　　指尖搅动了江水的涟漪，道观里素颜垂，亭上风景碾愁眉。流水湿了谭记儿的衣袖，望尽烟波浩渺，水墨卷起风雨泪。新寡乘过隙白驹，蒸煮着岁月龟背。羡鱼儿自由地相爱，不畏权势，不恋诱惑，不贪富贵。只想趁青春年少，寻觅到相敬如宾的人，白头偕老，相伴柴扉。

　　花开花落的清安观，花无眠，缘轮回。阶前的花，引来伊人望穿秋水。白公子的肩头，绽放着惆怅桃花；杨衙内的方帽，粘满柳巷烟屑灰。

　　是否还会在意谁的心动潮涌？春去春又回，在一条绵绵大江畔，流连忘归。晚钟敲醒了愁者的迷梦。遭陷害，想良策，夺圣旨，巧扮渔家妇，灌醉杨衙内，化险为夷金牌落，难关扶危；太尉父子遭恶报，自陷是非。

　　望江亭，望不尽，佳人机智掩春色，船上饮酒人微醉；望江亭，望不尽，江心渔樵荡轻舟，岸上渔童钓鱼回。

电影海报（京剧）

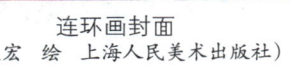

连环画封面
（水天宏　绘　上海人民美术出版社）

中国年画——悬挂的风景

红楼梦·潇湘夜雨（金雪尘 绘）

《潇湘夜雨》

泥泞难行,马蹄敲响小镇的静寂,沉重铁枷锁住了苍天,小路上遍布着蜇人的荆棘。淮河波涛里的橡,难抵伸向富贵的攀枝;凶悍的心淤满了黑色的毒,哪还顾得上恩爱之妻身陷囹圄。

那是无助的悲戚,引来漫长的雨季;那是心碎的落瓣,点缀满眼的凄迷。青石桥的冰冷等待埋葬破碎了的宿命,寺院里的香火可是渐渐燃尽的记忆?解差大棍几起几落,终被人性的丝线越缠越紧,临江小镇容留了雨中人疲惫的宿驿。

好一场愁云恨雨,侵蚀肉体已痛彻心脾,临江驿长夜难明,发配路受尽万苦千辛,冤屈的情枷依然紧锁着潇湘的女子。

怀想那并不遥远的过去,官家的富贵、豪门的荣华、恩爱的夫妻……命运之劫竟在波涛里转瞬间让一切灰飞烟灭。雨夜里的恸哭,惊醒了提刑大人的梦,相见抱头痛哭,潇湘雨淋湿了父女失散多年的思念。

廉访使,尚方剑,顺天理,惩恶扬善;临江驿,再团圆,冤昭雪,生死相依。

老戏单(1950年代)

连环画封面(秋玉 绘 辽宁美术出版社)

郭子仪过寿（杭穉英 绘）

《打金枝》

　　上有洞天神仙居，人间遍是君王地，天规国法设铁律，家教古训有礼仪。安史平乱江山稳，功劳盖世郭子仪，封王千岁住汾阳，官丰禄厚定唐基。皇帝嫁女择佳婿，子仪父子保社稷，帝王欢心公主爱，儿女亲家许金枝。

　　汾阳王爷大寿日，人生七十古来稀，寿幛寿礼君臣奉，府邸众人披锦衣。升平公主素娇贵，龙生凤养性矜持，未去拜寿费神思，君拜臣来不相宜。酒宴上下人如蚁，兄弟七位拜筵席，公主不来有人笑，怕妻之人无面皮。驸马郭暖脸发烧，听闻议论发脾气，怒而回宫打公主，凤凰入笼无高低。

　　公主入宫见爹娘，帝后面前长哭泣，驸马动粗无王法，分明是把君王欺。皇帝装怒捋胡须，欲斩驸马立规矩，公主见状忙求情，撒娇赔笑忙顺气。子仪绑子殿请罪，教子无方乱纲纪，双膝跪倒求发落，都怪吾儿不成器。扶起子仪面含笑，唐皇顾局明事理，全凭文武保江山，休怪女婿全怪女。有功于朝不治罪，反封郭暧连三级，恩怨消除夫妻笑，和好如初皆欢喜。

打金枝（竹翔飞　绘）

打金枝（朱林　绘）

中国年画——悬挂的风景

珍珠塔（谢慕莲 绘）

《珍珠塔》

家败人贫亲情冷,辞母投亲宿辰星,脏衣烂衫进陈府,势利姑母眉头横。方卿借银遭羞辱,历来穷人被看轻,嘲讽如针难忍吞,心中有爱辱不惊。表姐翠娥情意重,青梅竹马鸾凤鸣,灯火别离夜已深,稀世珍宝暗相赠。珍珠宝塔有七层,夜明珠嵌宝塔顶,一片薄情表寸心,劝君保重风雨程。姑丈得知骑马追,九松亭内姻缘订,夜宿古庙遇强贼,珠塔被劫河边醒。幸被陆府船所救,收留府中伴孤灯,怀揣大志学苏秦,埋头苦读求功名。宝塔被当典陈家,翠娥揪心忧方卿,金榜题名封巡按,回乡省亲辞帝京。路过襄阳试姑母,乔装道士穷酸形,姑母恼怒恶语腥,姑丈看破道真情。鲤鱼已然跃龙门,爱富嫌贫令人憎,用心良苦终完婚,不负表姐赠塔情。板凳都是轮流坐,富贵岂能长生根,门缝看人易走样,姑母羞愧良心惩。

连环画封面
(张令涛 陈中时等 绘 普及印书馆)

珍珠塔之方卿荣归(周柏生 绘)

中国年画——悬挂的风景

游西湖（吴少云　忻礼良　王柳影　绘）

156

《李慧娘》

　　一枝红梅绽放,春色染春园;灵隐寺内腮红,惹风筝断线。

　　那黄莺争鸣唱,那梅花竞娇艳,墙外折枝惊飞雀,仰头望见玉人眼。一见倾心的邂逅,两情相悦的相伴,芳心暗许的题诗,琴瑟和谐的无眠……再看慧娘与舜卿,恰似翠环联璧,有如西湖临仙。

　　昭昭日月却有肆虐鹰犬,朗朗乾坤却有奸相垂涎。园中艳遇,招无形祸端;美颜娇娘,疑天上美眷。贪婪欲念,谁能幸免?明聘暗抢,情侣落难;强人加害,生死相怜;高阁红梅,用情肝胆。为免身受辱,慧娘巧安排,诓从贾似道,放走恋人心无牵。贞烈女遂强夺剑,剑锋直逼奸相脸,行刺遇阻遭大祸,香消玉殒命轻悬。

　　夜深沉,冤魂久不散;救裴生,托梦送信柬。两情诉,衷肠添,鸳梦重温红梅鲜,哪管是阴阳两隔断,人鬼两界煎。怅然间,肠断时,慧娘纵大火,焚毁相府,焚烧恶奸。

　　伊的芳魂,化为虹影,熊熊烈焰;红梅阁前,青鸟柔旋,红叶翩跹。

环画封面(林雪岩 绘 天津美术出版社)

彩色戏曲艺术片海报

中国年画——悬挂的风景

梅兰芳在《生死恨》剧中的扮相（戏曲年画）

《生死恨》

　　剪不断乡恋，掩不住悲愁，为奴梦未醒，烛灯前是浅浅的吟唱；守望是婵娟，窗影映床帐，玉屏花入雕，铜镜里是憔悴的模样；月弦荷包香，薄席染秋霜，入画是伊人，抬眼望是繁华的汴梁。

　　红尘之灵、尘世之人、异域之狼……金南犯，掳去为奴，强婚配，未同枕，鹏举与玉娘；爱慕浓，为郎高飞，奔前程，鞋遗落，失散的鸳鸯。

　　事露被转卖，祸灾蒙头压玉娘；绘出金兵图，投宋抗金鹏举犟。得图虎添翼，击溃金兵将，升任襄阳令，派人寻玉娘。兵乱十数载，容颜改变乱世沧桑；想君日夜苦，孤灯独雁两眼茫茫。

　　差人巧遇韩玉娘，以鞋为证脸色僵，悲痛万分突发病，鹏举赶来人将亡。夫妻迟相会，伊人病卧床，抱头痛哭时，疼痛裂肝肠。一日做夫妻，恩爱如水长，一恸成永诀，遗恨生死枉。

连环画封面
（陈光镒　绘　美术读物出版社）

磁带封面设计画

中国年画——悬挂的风景

《红鬃烈马》组图（钱笑呆 赵晋 陶干臣

《红鬃烈马》

　　陌上蝴蝶花中游，宝钏窗前织锦绣，巧遇乞丐薛平贵，楼台露宿人饥瘦。心有所动另眼看，赠以银两解难忧，丞相之女焚香祷，抛球招婿结彩楼。

　　二月二日彩楼欢，人群遍是王孙侯，宝钏奉旨选佳婿，绣球打中平贵头。王允懊恼横干涉，脸面无光人蒙羞，嫌贫爱富失信义，断绝关系父女仇。

　　下嫁平贵住寒窑，患难夫妻感情厚，平贵一身好武艺，降伏烈马唐王授。封为都督战西凉，新婚离别征旗皱，挥泪而去带军走，战死沙场谣言流。

　　宝钏知是爹计谋，决不改嫁意守候，编织纺线挨贫困，思念丈夫日夜愁。西凉征伐鏖战中，欲斩平贵屡借口，灌醉英雄驮敌营，凉王爱才封公侯。

　　一十八年转瞬过，宝钏寒窑苦清守，老母探望无懈志，老父掩面暗愧疚。平贵继位坐西凉，鸿雁衔弓啼晚秋，偷过三关巧装扮，武家坡过家门口。有心问路以试情，夫妻相认又同舟，前嫌尽洗叹悲喜，一家共饮团圆酒。

图书封面（广益书局）

薛平贵与王宝钏（张碧梧　绘　上海华美画片社）

中国年画——悬挂的风景

蓝桥会（朱林 绘）

《蓝桥会》

集贤庄里居，有苦乐；青梅恋竹马，情意合。郎保自幼苦，种田地；玉珍来送水，唱山歌。

天灾逢乱世，兵匪恶；逃难途中散，磨难多。强人劫掠去，如风卷；弱女被人卖，蓝家坡。进门给改名，蓝玉莲；童养做媳妇，常挨饿。丈夫年龄小，方十三；心肠尤歹毒，是公婆。非打即咒骂，加羞辱；做牛又当马，受折磨。年复又一年，苦相盼；阿妹有阿哥，促膝坐。

桑树扁担弯，肩挑水；对面来个人，讨水喝。看他很面熟，心乱翻；莫非他就是，情哥哥。仔细看端详，终相认；朝思夜里想，梦中客。满腹委屈多，尽倾诉；决意帮助她，挣枷锁。相依并相偎，共约定；三更夜时分，会蓝河。鸳鸯欲成双，又成对；远走高处飞，筑爱窝。

郎保如约至，桥栏上；山洪突喷发，洪水波。守信约不走，抱石栏；韦郎竟殒命，落漩涡。玉珍终摆脱，公婆缠；奔跑到蓝桥，见灾祸。满怀悲愤起，追郎君；忠贞不渝志，投爱河。

连环画封面（笔如花　绘　周家书局）

磁带封面画

中国年画——悬挂的风景

盗御马（金雪尘 绘）

《盗御马》

绿林好汉聚山寨,粗犷彪悍罗汉胎;自幼称霸占河间,结朋交友十数载。江湖镖客黄三太,金镖借银通经脉;好汉不服来比武,镖师得胜暗器开。

尔敦一怒去落草,连环套里称大帅;扬名立万结盟约,啸聚山林江湖债。探得太岁梁九公,奉旨围猎卷尘霾;携有帝赐一匹马,千里驹中为头牌。想起镖师夸海口,尔敦不服气鼓腮;乔装打扮记前仇,下山暗入梁营台。御马栏内顺手牵,盗得御马卖个乖;留张字条镖师来,欲看苦主台下摔。

太岁丢失御宝马,缉拿镖客令不怠;查得此人亡多年,方知有人欲加害。其子天霸被问罪,尔敦脸热说不该;绿林英雄不负义,人死冤仇全都埋。御马还回找苦主,受到激将离山寨;自愿领罪赴京城,披枷戴锁囚车塞。

连环画封面(香港美丽美术社)

盗御马图(金廷标 绘)

165

中国年画——悬挂的风景

四进士（金雪尘 绘）

《四进士》

　　寒窗苦读功名成，四个进士齐出京，双塔寺内盟誓约，违法渎职不留情。上蔡廷春妻田氏，为谋家产血案惊，串通弟媳兄杨青，欲卖商人噩梦醒。素贞哭诉杨春悯，撕毁人契代冤鸣，适遇毛朋扮卜访，代写状纸查纷争。素贞信阳遇恶棍，店婆搭救真情赠，田氏逼弟驭田伦，贿赂官府案求衡。

　　店主乃是宋士杰，专打不平爆名声，刑房革职多惹事，带人告状民请命。役夜宿住宋家店，士杰拆信抄袍颈，顾读徇私人收监，上堂质问被杖惩。此处不胜往上控，毛朋接状秤公平，同党余孽全问罪，素贞雪冤罪澄清。一状告倒三进士，士杰该判充军行，毛朋除枷送出厅，为民除害传英名。

图书封面（上海文化出版社）

四进士（郑慕康　周楚江　绘）

中国年画——悬挂的风景

十五贯 （金雪尘 绘）

《十五贯》

　　一副褡裢一身油,十五贯钱解烦忧,葫芦屠主萧墙祸,屠戮一生被屠牛。混地魔,娄阿鼠,见财起意斧灭口,嫁祸伙计与尤女,深狱缚背锁枷喉。

　　知县知府加巡抚,草菅人命臭味投,轻率定案成死罪,哭屈喊冤阶下囚。常州令,委监斩,梳理案情生疑窦,发现端倪请缓刑,金印作押勘纰漏。

　　乔装卦翁遍私访,况钟宿庙乱绪搜,神明托梦助掐算,贼子出水把身秀。施巧计,诱口供,杀人经过竟摸透,冤主刑前破真凶,真相大白捉禽兽。

　　娄鼠带回县衙来,升堂问罪魂灵丢,善恶是非终有报,好官明察断恩仇。蒙冤人,得昭雪,请命为民功名留,恩人身前深施礼,泪眼作别挥衣袖。

《十五贯》组图（孙志皎　张碧梧　绘）

中国年画——悬挂的风景

庵堂相会（金梅生　绘）

《庵堂相会》

何必青梅竹马，幼小订婚约今朝集悲喜；奈何两小无猜，世事多变迁贫富难先知。退婚帖羞扉门陈家贫落，女儿怨湿幔帐金阁冷寂。九年如梭，相恋的人已然长大；婚约萦肠，有情的人依旧铭记。

多年苦读寒窗破，阿兴落难苴庵栖；秀英得讯心火急，瞒父敬香寻夫婿。清明节日暖，鸟衔芦枝绿，春好无心赏，约定赴佳期。

年久失修旧木桥，书生小姐两伫立，木头滚动桥不定，秀英心惊脚步虚。称兄妹，相扶相搀；提罗裙，胭脂如泥。红云桃影清波荡，蜂飞蝶舞蜻蜓戏。相遇如旧友，谈笑多默契，结伴同行百草庵，互道姓名泣悲喜。

痴情不改终有报，书生厚德；巧施妙计斗悍父，小姐重义。

儿女情长不分离，虔恭共拜，庙里灵神；待到端阳花轿到，木成舟船，鱼水欢娱。

庵堂相会（电影海报）

连环画封面（王复祥 绘 朝花美术出版社）

中国年画——悬挂的风景

打渔杀家（陆泽之 绘）

《打渔杀家》

曾记否，满眼眭草莽英雄如日中天；今不见，莫非都风烛残年人老珠黄？菩萨不伏拜，神仙不慕羡，火热的梁山渐渐岑寂，旌旗落幕；锣鼓不敲，角号不响，花酒不喝，水泊渐寂寞，刀戟锈蚀。

曾经驾舟踏浪活阎罗，今隐姓埋名流落在太湖。易名萧恩获宝珠，顶头入浪避水路。人间有富贵，享乐腥咸，斗笠依旧遮煞气，平安度日，黯然独享清福；携女过生活，泛舟江上，鱼鳖入仓迎兄弟，重操旧业，怀念昔日手足。

桂英俏，设擂招亲比武；逢春酷，搅乱女儿心湖。恰有故友来拜访，见证宝珠变信物，怎奈水浅，多日干旱，蛤蟆不入网，稻谷不熟。入不敷出叹声低，官家渔税急，渔霸现凶相，欺凌老渔夫。恶行惹恼旧手足，混江龙领卷毛虎，逐家丁、砸锁枷，太岁头上敢动土。落花流水，家兵溃散，义举碾尘埃，惊动官衙府。奸吏设局，勾连结帮伙；锁拿萧恩，杖刑肉皮苦。

愤恨之下，忍无可忍起冲突；赔礼赴丁家，好汉本性胸中露。携女黑夜过大江，假意屈服，敬献宝珠；渔霸全家被斩杀，远走高飞，亡命天涯。打渔杀家荡寇志，驾船而去暗蛰伏，隐迹江湖花开谢，英雄凛然不可辱。

连环画封面（徐燕荪 绘 朝花美术出版社）

打渔杀家（魏瀛洲 绘）

中国年画——悬挂的风景

霸王别姬（杭穉英 绘）

《霸王别姬》

你曾经煮鹤焚琴,暴殄天物斩手摧花;也曾经枕裙醉带,千般柔情惜玉怜香。你曾经力拔山兮,叱咤风云中原逐鹿;也曾经吞吐尘烟,指点江山扩土封疆。

一次次挥舞长戟,谁都能看见你站在萧瑟风中,却不懂你有恨,那恨竟不能荡尽凛凛寒霜;一次次痛饮烈酒,谁都能看见你偎在栅栏烛台,却不知你有爱,那爱竟不能护佑弱弱羔羊。

别问谁是大英雄,哪管那剑锋寒、枪尖冷;别问谁是大英雄,任凭那马鞍瘦、草青黄。纵横间早已狼烟遍地,骨肉向谁托付?躬身处早已泣尽心血,泪眼向谁瞻望?

仰叹苍穹,叹江山如画,无颜见江东,长剑血光;十面埋伏,望汉兵渐近,姬求同生死,荡气回肠。

霸王剑,劈魂断魄可斩得了爱恨情愁?虞姬舞,祈天拜地可结得下善缘流芳?吟垓下悲歌,壮士痴狂;引江水呜咽,长风浩荡。

画封面(朱元红 绘 江苏人民出版社)

霸王别姬(谢之光 绘)

中国年画——悬挂的风景

陈三五娘（周美光 绘）

《陈三五娘》

泉州城，书生愁，陈三骑马过潮州；元宵节，灯市游，灯火阑珊蓦回首。黄五娘，花容羞，鲜花窗前赏车流；巧相遇，心弹奏，荔枝掷至书生手。

御花舫，梨园楼，香荔宝镜为媒球；恋潇洒，爱美秀，陈三五娘情意投。有富豪，林大头，灯市巷口寻花柳；见五娘，邪念露，百般纠缠相挑逗。五娘父，老黄九，贪财慕势顺推舟；林家媒，躬伏首，父亲应允女儿忧。亲事订，泪花流，五娘不愿嫁赖狗；六月天，荔枝熟，鸾凤相思花间游。

苦冥思，设计谋，陈三乔装磨镜手；入黄府，闯祸由，卖身黄家做奴囚。小益春，来堂口，巧引陈三进绣楼；五娘喜，三郎求，双鸟比翼誓白首。连理枝，聘书丢，相偕私奔外乡走；官府缉，家丁搜，被捕入狱人消瘦。捣恶徒，兄解救，逃脱樊笼不再忧；荔枝甜，宝镜修，相爱鸳鸯终相守。

陈三五娘（孔继昭　杨夏林　绘）

陈三五娘绣楼抛荔（郑慕康　绘）

中国年画——悬挂的风景

春草闯堂（潘恩春 绘）

《春草闯堂》

　　莺衔春色草悬天，人游庙会下华山，相府小姐倾国色，丫鬟扑蝶白云间。花花公子戏民女，过路书生挺身拦，英雄救美生敬意，小姐心中暗喜欢。义士名叫薛玫庭，书生浪迹江湖边，再遇恶人伤天理，挥拳劈脚命归天。行侠仗义闯大祸，死者父亲是高官，诰命夫人啸公堂，逼迫知府刀立斩。

　　春草闻讯当机断，公堂认亲大智显，假戏真做小姐托，知府上禀相国难。小姐进京见慈父，因势利导说周全，尚书吴恫发密谕，为儿报仇人狂癫。春香巧将书信改，李代桃僵婚事连，大张旗鼓送贵婿，上京完婚朝野乱。各级官员纷送礼，皇帝也赐贺御匾，木已成舟聚相府，将错就错办婚典。一字之差命运改，起死回生喜事添，好人自有福来报，有情人后必有缘。

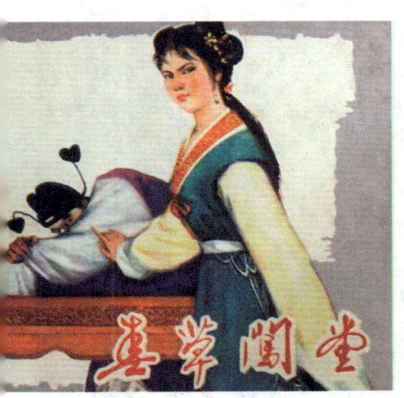

连环画封面
（宗静风　宗静草　周静秋　绘
　福建人民出版社）

娃娃戏春草闯堂（张瑞恒　绘）

中国年画——悬挂的风景

观音送子（周柏生 绘）

观 音

　　无量劫来，诞菩萨，白衣端庄，卧莲花；净瓶垂柳，洒甘露，头戴金冠，披彩霞。善根修成，来东土，风雨娑婆，走天涯；救苦救难，危安转，大爱普度，千万家。

　　大慈大悲，期圆满，人间疾苦，装心匣；普陀道场，创奇迹，功德无量，神通大。心诚则灵，众安乐，有求必应，烦恼擦；不测风云，巧规避，旦夕祸福，随风撒。贪嗔浊痴，行食色，轮转生死，冒新芽；盗杀淫妄，须远离，五蕴皆空，饮清茶。千手千眼，大悲咒，无碍心经，虹桥架；观音送子，人丁兴，人间真情，尽播撒。清净无垢，仰佛陀，菩提香果，仙境挂；熔仇炼恨，化干戈，铲争除斗，灭欺诈。

　　送子送福，天伦乐，儿孙绕膝，院鸣蛙；受人尊重，享爱戴，无量国土，遍桑麻。家家念颂，观世音，南海灵签，虔广厦；大乘智慧，众分享，生生不息，弘佛法。

观音送子图（徐果禅 绘）

环画封面（严东 绘 海豚出版社）

中国年画——悬挂的风景

老子出关（清·郎世宁 绘）

老 子

星月春秋，天地开合，公神化气，寄胎李果。
怀胎九九，出生须多，白眉白发，老子名得。
大名李耳，思想之核，宇宙演变，相生相克。
朴素辩证，倚兮福祸，一生万物，客观规则。

有生于无，正反相托，木秀于林，风雨摧折。
性命双修，淡寡情色，返璞归真，人生取舍。
不与人争，腾挪闪躲，虚心实腹，大巧若拙。
与民生息，忘掉小我，镜中观己，勤于鞭策。

无为而治，针砭经络，不言之教，琼花万朵。
风水五行，修炼术庵，济世度人，应做己责。
七星九宫，八卦六合，阴阳协调，形神养坐。
道法自然，好事多磨，道德经髓，人间传播。

天人合一，行善积德，礼教学识，开辟先河。
上善若水，不争柔弱，忠孝节义，排忧解惑。
宠辱不惊，得失淡泊，太上老君，知足常乐。
乘牛西去，拂尘手搔，散形为气，随心而落。

老子骑牛图（明·张路 绘）

老子（清代水陆画）

孔子（南薰殿旧藏　台北故宫博物院藏）

孔 子

洪荒蒙昧，紫烟尘生；悠悠华夏，日精月灵。千载儒教，今古齐颂；
万世师表，浇铸文明。勤学好问，圣贤出庭；不倦诲人，创典写经。
周游列国，弟子广众；天人合一，身心涤清。诗书礼乐，智慧明灯；
见仁见智，贵在沟通。上应天时，下顺厉风；殊途同归，鼓乐同鸣。
风调雨顺，地润物丰；以和为贵，协商共赢。岁岁征伐，无义战崩；
群雄逐鹿，称霸难恒。不耻行径，勇当改正；不仁闪念，灭于初萌。
贫贱富贵，视为浮萍；克己复礼，亲践躬领。成人之美，君子勿争；
敬尚良贤，佑见魁星。忠孝首善，礼法守听；为政以德，正气风行。
复兴礼乐，民运起萌；家和国安，万事俱兴。护佑生灵，操循守瓶；
诚信做人，乐集大成。魂兮归来，文化传承；人道精神，至爱亲朋。
夫子圣教，四海传耕，盛世同心，共开太平。

连环画封面
（张令涛 胡镜人等 绘 普及印书馆）

圣贤先师孔子

中国年画——悬挂的风景

济公酒趣（丁云先 绘）

济 公

　　少时修缘临安落,乐善好施积功德,百姓爱戴称济公,学问出众识渊博。貌似疯癫形猥琐,鞋破帽破袈裟破,妙手仁心伏灵隐,不修边幅心有佛。清规戒律拒约束,美酒肥肉穿肠过,瓜巷醺酣不愿醒,嗜酒贪吃湖边卧。

　　治病行医走街巷,疑难杂症不困惑,采办药石解忧难,劈妖捉鬼惊心魄。地狱天堂无所畏,是非明辨避灾祸,扶危济困抱不平,除暴安良罚邪恶。怡然飘逸好云游,民间疾苦都尝过,善走围棋斗蟋蟀,童心未泯戏阎罗。

　　嬉笑怒骂嘴儿贫,喜怒无常扇儿握,神仙鬼怪皆敬重,达官贵族遭奚落。外出募化修寺院,市井浮汇扶贫弱,遍履山水撩江湖,天生好动难打坐。你嗔我笑大家乐,轻松谐趣主意多,清心寡欲皆看淡,逍遥自在过生活。

图书封面（新文化书社）

连环画封面
（张令涛　胡镜人等　绘　普及印书馆）

济公（何绍教　绘）

中国年画——悬挂的风景

屈原（孙志皎 绘）

188

屈 原

战国争雄，连年杀伐，灾民生怨，房倒屋塌。秦人善战，铁齿钢牙，兵强马壮，七国称霸。楚地振兴，屈原变法，辅佐怀王，浇筑大厦。少怀奇志，鸿鹄飞霞，发奋图强，报效国家。鹅冠素服，淡饭粗茶，凛然君子，日光月华。外交内政，车劳马乏，凤翥龙翔，遍地桑麻。名士苏秦，左拉右挂，合纵联盟，共御屠杀。六国联合，威震秦榻，重用屈原，百姓齐夸。上忠其君，下爱民家，社稷江山，铁壁铜闸。贵族腐朽，尔虞我诈，子兰妒恨，郑袖诬骂。秦王窃喜，张仪临驾，收买内奸，哄骗威吓。内诡外诱，昏君畏怕，罢黜脊梁，齐楚断坝。自毁长城，楚国危崖，屈辱苟安，大军催压。遭谗被黜，流放天涯，众昏独醒，大荒空挟。水浊沧浪，仰天泪洒，自沉汨罗，雁阵惊煞。宋玉招魂，离骚萌发，婵娟抚琴，九歌问答。悲兮哀兮，壮志未达，斯人已去，铄古雕花。声贯古今，橘颂风雅，冰心玉壶，大爱无瑕。泪水长流，日夜喧哗，追忆英魂，大浪淘沙。节逢端午，粽果悬挂，龙舟竞渡，福满华夏。

连环画封面
（吴光宇　绘　天津人民美术出版社）

屈原（杨俊生　绘）

中国年画——悬挂的风景

文成公主（李慕白　金雪尘　绘）

文成公主

削叛乱，兵凯旋，平复西域落硝烟。皇室盟，贞观年，郡王女儿重任肩。
别爹娘，出长安，大唐和亲嫁吐蕃。穿敦煌，过驿站，丝绸之路红颜怨。
经西宁，栖玉树，披星戴月途艰险。迎日月，拉萨现，松赞干布展笑颜。
仪式隆，百姓欢，文成公主受盛赞。封王后，庆加冕，母仪天下神仙羡。
引良种，推桑蚕，荒原造地成良田。铺路桥，教冶炼，传授技艺互勤勉。
织锦缎，蔬菜鲜，生产工具渐齐全。医药足，历法见，诗文经史有人传。
光阴复，日月转，梦里家人笑声酣。雁南飞，秋夜寒，思乡万里弹琴弦。
青春褪，白发添，大昭寺内升祈愿。苦小我，大爱献，感恩和平顺民愿。
往来密，如亲眷，汉藏融合金不换。盟约长，传奇远，和亲之路树典范。

连环画封面
（程焕文 盛鹤年 绘 江苏人民出版社）

文成公主（李慕白 绘）

● 中国年画——悬挂的风景 ●

草船借箭（陆泽之 绘）

192

诸 葛 亮

生逢乱世，卧龙出更；汉室蒙尘，摒弃躬耕。静以修身，德养需恒；
慷慨陈词，笑对隆中。大志当存，望瞻高峰；身披鹤氅，适面沉静。
三分天下，出师表颂；兄弟手足，结拜义盟。调兵遣将，智争江陵；
草人连弩，孔明用灯。运筹帷幄，妙算于胸；木牛流马，众志成城。
大军压境，波澜不惊；披发舞剑，夜观宿星。草船借箭，神叹人惊；
巧用天时，强借东风。赤壁之战，平定四郡；足食足兵，鏖战汉中。
舌战群儒，三气周兄；劝主登基，建立都京。雕虫小技，无须细评；
群雄并起，广积内功。文韬武略，受人尊崇；换斗移星，拜谒神明。
百密一疏，错失街亭；镇定自若，独坐空城。白帝托孤，幼主之幸；
事无巨细，都得问清。羽扇纶巾，北伐难行；吓退仲达，数万雄兵。
出师未捷，身已先逝；念念不忘，汉室兴盛。鞠躬尽瘁，燃尽油灯，
天下奇才，一世英名。

连环画封面（汪玉山 绘 新美术出版社）

诸葛亮立像（明·佚名 绘）

中国年画——悬挂的风景

汉寿亭侯（陈维敏 绘）

关　公

卧蚕眉雄，丹凤眼亮；粗面重枣，美髯翻浪。胭脂赤兔，宝马嘶缰；
青龙偃月，刀闪寒光。斩杀华雄，温酒未凉；颜良文丑，笑不自量。
南征北伐，傲雪凌霜；苍天有助，恍如神降。明月千里，单骑过往；
信守纲常，侍嫂如娘。秉烛达旦，兵书捧掌；挂印封金，闯关斩将。
放走曹瞒，报恩不忘；华容道口，遗留患殃。肩头中箭，镇定不慌；
刮骨疗毒，意志坚强。身先士卒，取物探囊；恸仙惊鬼，亘古无双。
万人难敌，气宇轩昂；足智神勇，开辟蜀疆。单刀赴会，驰骋沙场；
水淹七军，登高远望。襄樊之战，暗算难防；腹背受敌，麦城之殇。
身首两地，灾祸临降；头枕洛土，身卧当阳。招魂祭祀，全民哀伤；
英灵彰显，威名浩荡。天地共存，光芒万丈；日月同辉，关公云长。
普济苍生，庙宇受香；忠义千秋，万古流芳。

图书封面（上海尚古山房）

连环画封面
（张令涛　胡镜人等　绘　普及印书馆）

古城会（蔡鹤汀　蔡鹤洲　绘）

中国年画——悬挂的风景

回荆州（俞微波 绘）

赵 云

生逢乱世，将星闪耀；卓识大体，声威名翘。出身布衣，威武桀骜；
银枪白马，仰天长啸。尽忠汉室，心不动摇；投奔明主，肝胆相照。
情比桃园，意锁澜桥；讨逆伐寇，水浇火烧。名利不图，官爵不讨；
良田豪宅，如掸衣角。严己律行，勿躁戒骄；谨慎谦虚，沉默勤劳。
光明磊落，短笛长箫；直言敢谏，鄙视媚妖。英风锐气，当阳青草；
舍命杀敌，长阪英豪。来去冲阵，金鼓云霄；马似龙飞，生死逍遥。
营救幼主，垮跃沟壕；刀光剑影，血染战袍。万夫不当，云卷风扫；
孤独求败，盖世功高。隔江斗智，翻滚波涛；博望坡险，曹兵哀号。
效命疆场，智勇当骄；文武双全，旌旗飘摇。浑身是胆，冷静思考；
拒绝平庸，情色难扰。忠君救民，千秋称道；为官清廉，田赋减交。
身先士卒，任怨任劳；堂堂正正，英雄寂寥。心贯金石，志连山岳；
虎威将军，青史名雕。

图书封面（上海大众书局）

连环画封面
张令涛 胡镜人等 绘 普及印书馆

长坂坡（金雪尘 绘）

中国年画——悬挂的风景

蔡文姬（李慕白　金雪尘　绘）

198

蔡 文 姬

关中混战乱长安，百姓流亡大逃难；趁火打劫匈奴犯，掳掠人质押北原。

蔡邕之女蔡文姬，博学多才妙音旋；年轻貌美难遮挡，奴兵逐级往上献。熊腰虎背左贤王，收为夫人黄昏恋；月下思乡吹胡笳，膻肉酪浆奶酒甜。

曹操称雄扫北方，志得意满都城迁；回忆少年小师妹，方知人落匈奴檐。差使携带金千两，赎出师妹回中原；十八拍醒断肠客，胡人落泪芳草粘。回归故土壁残垣，栖身无所两难全；曹操安排嫁校尉，董祀身边添圣贤。

次年董祀犯大罪，罪该当斩人垂怜；文姬含泪奔相府，蓬首跣足来请免。薄唇点绛触曹公，念及旧情怜悯添；派人快马追文状，宽宥其罪家保全。董祀感妻救命恩，另眼相看明事缘；溯水而上居山麓，伴世夫妻佳话传。

连环画封面
（楼鹤白 绘 河南人民出版社）

蔡文姬（李乐玉 绘）

梁红玉（抗释英 绘）

中国年画——悬挂的风景

200

梁红玉

　　登高瞻望，敌寇铁蹄下那踏起的狼烟烽火；侧耳倾听，车马轮转中那奔流的江水浪波。国难危亡，男儿请命赴杀场；生灵涂炭，佳人乱世计安国。双英烈，夫妻相扶，摆一面春秋大鼓；酒饮干，壮士断剑，十万胡骑镰刀割。

　　内忧引外患，金兵临安破，秦淮两岸血，黄天荡壮歌。英雄韩世忠，八千子弟兵埋伏，戎马倥偬声磅礴；侠女梁红玉，携夫御敌展旌旗，对天盟誓生死舍。

　　山河破碎虎狼至，白丝缠鬓额；奋勇拼杀鬼神泣，哪管福与祸。

　　硝烟弥漫顽敌现，万箭如雨乾坤恶。抗金兵，夫人擂鼓亲助战；显霸气，战鼓震天惊心魄。宋军士气旺，完颜人马惑，烈女含笑迎箭雨，金军如蚁进热锅。

　　靖康奇耻山河危，大厦将倾有人托，锻豪杰，铸英魄，名节永垂青史播。

梁红玉抗金兵（金梅生　绘）

连环画封面
（张令涛　胡镜人等　绘　普及印书馆）

金山战鼓（李慕白　金雪尘　绘）

中国年画——悬挂的风景

岳母刺字（杨俊生 绘）

岳 飞

南宋江山狼烟旺，大厦将倾金兵狂；磨难共赴心碎裂，收复失地男儿强。
出征之前母烦忧，示儿不忘家国亡；背上绣针刺青字，精忠报国雪靖康。
令出如山统大军，挥师北伐运草粮；英雄百战马嘶鸣，长刀所向敌胆丧。
血喷尸横多少年，草黄人瘦尘飞扬；月儿明丽剑染霜，亲人故乡在何方。
精魂忠骨埋它处，阴山水冷泪满眶；强敌未退君未还，臣辈何以想家乡。
赏罚分明收失地，朱仙镇庆赏酒浆；纵横千里募屯田，岳家大军威名响。
完颜金军毁盟约，重兵围城黑云荡；殿内君臣求和忙，十二金牌退兵帐。
奸相秦桧设陷阱，莫须之罪害英良；岳飞被诬遭杀害，千古奇冤长城殇。
沉冤昭雪西湖畔，仰天长啸武穆怆；江山社稷忠魂榜，乾坤世界吞大荒。

图书封面（广益书局）

岳母刺字（周柏生 绘）

中国年画——悬挂的风景

信陵君（陆泽之 绘）

信陵君

危机四伏小国惊，虎狼之师在身旁，噤若寒蝉命悬线，迷途羔羊尽恐慌。
魏国公子忧前程，礼贤下士勇担当，能屈能伸志高远，脚踏实地擎栋梁。
急人所急千金诺，救人之困托四方，食客三千委重任，高朋坐满外庭堂。
拜访高人敬隐士，求贤若渴荐贤良，深巷进出面和悦，甘为贤者牵马缰。
守门小吏侯嬴喜，屠夫朱亥倾衷肠，赵胜使臣来告急，危在旦夕邯郸晃。
贤人献计有谋略，窃符救赵如姬忙，假传君令杀晋鄙，侧劫秦营救危亡。
客留赵国受封赏，翩翩豪情人气旺，平原自叹逊信陵，剑胆琴心仰天唱。
秦王怀恨攻魏城，信陵受命奔疆场，合纵抗秦退敌兵，无忌威风名远扬。

《窃符救赵》组图（朱松年 绘）

中国年画——悬挂的风景

西施浣纱（杭穉英 绘）

西 施

那千年前的一笑,暖了西子冷,化了姑苏霜;那千年前的一笑,解了勾践祸,添了夫差殃;那千年前的一笑,邻女效了颦,鱼儿水下藏;那千年前的一笑,吴越仇怨尽,春秋大梦凉。

本是贫家女,掬水浣纱白溪旁,只因容颜姣,天降大任于身上。越主遭囚禁,青泪几多行?卧薪尝胆忍屈辱,不怕鬓上卧白霜。范蠡设计谋,美人自思量,裙钗解君忧,生死何须想,山河待到重复时,吾王不惆怅。

学狐步,练妖媚,一眼秋波梧桐香;习歌舞,修仪装,舒袍揽袖展月光;亡国恨,铭心房,青铜镜前小梳妆;秋雨疾,脂粉荡,远方马蹄敲轩窗。

吴王见色春宵度,黄楼雀台戏声浪,终日沉湎丝裙下,酒色浸得江山晃。夜夜笙歌壮志消,放虎归山暗图强,终有一日刀兵至,吴君毁灭温柔乡。

侠义肝胆照,爱恨随尘葬,归隐烟波浩渺处,渔歌听远唱;风雨浸春秋,荣辱同舟航,范蠡相扶浣纱女,乌篷藏鸳鸯。

图书封面(上海文化出版社)

西施浣纱(黄子希 华西岳 王柳影 绘)

207

中国年画——悬挂的风景

貂蝉拜月（金梅生 绘）

貂 蝉

　　身姿俏，桂花妆，身出寒门镜中黄，醉歌梦舞长吁叹，幸蒙司徒来收养。汉室不幸出奸佞，朝中君臣尽遭殃，自怜体弱心刚强，虎狼身边扮羔羊。跪在鼎前祷神灵，独对明月诉衷肠，祈求少帝烦忧散，悲音飘零月焚香。主人巧设连环计，以色迷心离奸党，酒色之下无英雄，倾城之美斗群芳。

　　心焦急，意彷徨，孝悌尽，忠义藏，董卓专权危社稷，吕布助虐更猖狂。朱唇红，鬓花香，蛾眉挑，腰肢浪，凭栏顾盼雕鞍乱，花前偷看人踉跄。祸福从不由人定，生死安危不思量，妩媚赠予老贼床，秋波频递少年郎。山盟海誓空相午，天长地久信由缰，园内亭前弄干戈，料定大祸起萧墙。

　　王允设下销魂酒，好色之徒两边忙，筵席上下戏拉幕，投桃报李度陈仓。巧妙周旋神魂倒，国色天香花园逛，互相猜忌反目仇，拔剑掷戟两败伤。弄权作威惹祸殃，勇而无谋不远长，云彩后面美貂蝉，复兴汉室国栋梁。柔软红裙胜盔甲，美貌羞煞明月亮，凤仪亭下扬芳名，幽幽传世一缕香。

凤仪亭（杭穉英 绘）

中国年画——悬挂的风景

杨贵妃（金雪尘 李慕白 绘）

杨贵妃

雪打梨花，佛堂烟灭，玉消殒，香零落。从此梧桐落秋阶，再无青灯伴秋娥。音妙歌舞轻，梦沉压倾国，朝夕终有愿，长恨酿成歌。

清泪，灌溉了华清池；悲叹，漫卷了骊宫舍。那一年的你玉肌凝雪，叶未黄却衣裳轻薄；那一年的你娥颜翘楚，夜未央却剑戟矛戈；那一年的你高髻入云，发未霜却花钿溅地；那一年的你黛眉低垂，泪未干却白绫撕扯……血泪舔舐着刀光的冷，怨恨裹紧了火把的热。相思已成空，流水却无情，潜忧黯伤了无痕，噬骨催肝泪零落。疾雨梧桐夜，痴爱缠绿萝，红烛小轩窗，祭酒溅矢阁。

长恨自古如秋水，流也呜咽，停也泛波，任痴男怨女桃花成劫、弦断成祸。伤了比翼鸟，别了冷秦娥，断了连理枝，惊了君王侧。天上与地下，人生能几何？帝王怀中醉，强愁不说对与错。此情亦悠悠，此恨亦绵绵，霓裳羽衣舞，红颜魂断马嵬坡。

图书封面（大美书局）

贵妃赐浴（金梅生 绘）

中国年画——悬挂的风景

王昭君（黄善赉 绘）

王 昭 君

千里飘鹅羽,大漠生孤烟,胡笳声里梅花瓣,幽冷琵琶弦。佳人寄匈奴,风搓伴雪捻,汉胡和亲路,南望汉关天涯间。

念秭归,灞桥柳照影,桃花强欢;忆香溪,波上写旖旎,香泪洗面。

出塞曲,马嘶雁鸣,朝见长城螨,夜饮陇水咸;西路迢,云鬟拥翠,前瞻草枯黄,回首城阙迁。挺身而出,志与皓月共色;深明大义,德与青山同坚。

汉宫女,弹弦断,断了那三千粉黛凋朱颜;呼韩邪,醉花间,醉了那一朝爱怜笑痴缠。谷幽兰,边唱边弹,梦在谁的身边?花若怜,似嗔似怨,落在谁的指尖?

因你下嫁习俗改,尤似平沙落大雁。明廷纲、清君侧、修法严;多行善政、奖励功臣、授能举贤;取汉室之优、补匈奴之劣,你亲传施教,荒蛮渐改变。纺纱布、绣花衣、管草原;植树栽花、繁殖六畜、育桑种棉;弃战乱之短,兴富庶之长,你躬身倾授,青冢变桑田。

封后尊国母,千载琵琶万里弹;白鹤向匈奴,孤影流芳泯恩怨。

图书封面(五桂堂书局)

昭君出塞(丁云先 绘)

中国年画——悬挂的风景

李白醉酒（金梅生 绘）

诗仙韵事（杭穉英 绘）

李白脱靴（杭穉英 绘）

诗仙韵事（黄均 绘）

李 白

　　谁不迷恋姿容绝代、肤白貌美的佳人？谁不迷恋羞花闭月、气质兰蕙的花魁？阡陌里的纵欢，世俗里的不羁，即使你性情内敛迟钝，也绝难抵燕语莺啼的香窗；诗词里的翻跹，风月里的胡娘，即使你心肠枯木寒石，也绝难拒纱薄裙短的飘荡。

　　辗转西楼，纱笼窗，你描眉来我添香；摇荡欢舟，鱼戏浪，你采莲来我摇桨。青丝缕缕牵人心，胭脂醉舞，媚添红装；沧浪浊浊西风恶，残月卷帘，雁去秋凉。

　　时光荏苒物是物，昨日我为其应试慌张；斗转星移人非人，今天其为我脱靴搔痒。岁月杳杳易迁移；幽思渺渺秋千荡。灵与肉的滑落，权力有多重？利与益的嬗变，贿赂定考榜。昔被黜，谪仙人是否还没忘屈辱的愤怒？诗仙醉，长安墙是否埋伏着口舌的刀枪……千古愁赋亦如云烟纺，枉断诗肠，平添泪霜。谁的筝弦还在拨弄，可是那轮回里的眷恋？谁的霓裳还在曼舞，可是那流年里的浓妆？

高力士脱靴（诔之光　绘）

· 中国年画——悬挂的风景 ·

穆桂英挂帅（忻礼良 绘）

穆桂英

北宋皇朝再扬尘,杨门家将出战神;保家卫国几代人,抵御外族来入侵。一口金刀八杆枪,辽兵闻风丢胆魂;怎奈奸臣横当道,谗言如箭害忠良。

杨家怨宋君无道,解甲归田回原郡;二十年后掀波澜,西夏番王战火熏。太君感念朝廷恩,命人汴京去探询;文广金花进京城,校场比武劈王伦。帝皇欲斩杨文广,寇准保奏刀下人;皇帝方知杨门后,死罪不揪赐帅印。帅印拿回杨府怨,朝廷多年太冷忍;奸臣所谗男丁稀,不愿挂帅纷退隐。佘老太君出面劝,该识大体弃私愤;劝慰激励申明意,国破家亡记祖训。

杨家小将齐参战,桂英出征焦大军;登台点将信心足,慷慨誓师山河震。铁甲披挂刀亮刃,巾帼英雄威风凛;金鼓震天旌旗蔽,浩浩荡荡踏征尘。

图书封面(香港五桂堂书局)

连环画封面(董天野 绘)人民美术出版社

穆桂英与杨宗保(杨作文 绘)

附 录

著名中国年画及月份牌画家

周慕桥（1868-1922），作品署名慕乔、慕侨、周权。江苏苏州人，定居上海。上海画家张志瀛的入室弟子，亦为《点石斋画报》画家吴友如器重。国画功底好，出手很快，特别是对擦笔水彩美女月份牌古画风格情有独钟，故作品数量极多，为上海早期月份牌画家之一。他在20世纪初推出了自己的作品《潇湘馆悲题五美吟》与《花木兰》，因在中国传统画的基础上糅入西画造型与透视结构手法，使观者备感真切。《关云长读春秋》是他的成名之作，当时几乎每个商店都悬挂这幅画，多年再版。周慕桥笔下穿着元宝领服装的美女也极具时代特征。代表作品有《林黛玉魁夺菊花诗》《花木兰》等。

关公像（周慕桥 绘）

清末广告图 汉代煮酒（周慕桥 绘）

丁云先（1881-1946），又名丁鹏，浙江绍兴人，中国近代广告画家。他曾学过国画、人像画，并跟随一位在商务印书馆工作的日本画师学习西洋水彩画。曾在上海办过"维妙轩"画室，是一位多产的月份牌广告画家。丁云先擅画古装人物，曾经创作过许多香烟牌子广告画，题材有八仙、七十二贤、一百零八将等。他的广告画创作中的人物多数是古装仕女。相传丁氏绘画神速，落笔快捷，不论篇幅大小，往往一挥而就。而其为人潇洒，不重金钱，为人画画常常随手相赠，不取分文，自号"白弄先生"。丁云先的代表作之一是《八仙打麻将》，比较有深意的是画面右上角署名"楚州雪湄"题写的一首七言诗："雀战年来最盛行，众仙亦好戏方城。纯阳独擅神通手，遂把中华一统成。"其余作品还有《关公》《天女散花》《侠女屏》等。

民国四条屏年画——侠女屏（丁云先 绘）

周柏生（1887-1955），又名桐，江苏常州人，定居上海。擅长工笔彩绘古装人物画、水彩擦笔月份牌画。曾为《时报》绘黑白广告画。1917年应聘南洋烟草公司广告部，为该公司及华成烟草公司、华美烟草公司用水彩擦笔绘制月份牌广告画。后专事创作月份牌年画，为大丰昌印刷纸号创作的日历挂牌《男耕女织》是其代表作之一。1927年7月创办柏生绘画学院，招收学员，除一般绘画教学外，设有月份牌画特科，教授绘画基础和擦笔水彩画法，培养月份牌画人才。杭穉英、何逸梅、金梅生、金雪尘、戈湘岚等都是他的学生，后来都成为月份牌画的后起之秀，并一度成为民国时期上海月份牌绘制队伍中的中流砥柱。

天赐财源（周柏生 绘）

晴雯撕扇（周柏生 绘）

赵藕生（1888-1944），江苏吴县人。擅长历史人物画，亦擅长山水画，师从陆廉天、倪墨耕学国画，又师从法国画家鲁道夫学习素描与色彩。初与周慕桥、李少章等早期月份牌画家齐名。他的月份牌画以《三国演义》和神话故事为主，尤其景物画画得极好，这些都得益于他的西画与水彩技法画的巧妙运用。早期出版画谱线装精印《百样姿态美人活动写真》（又名《百美图》），由江都李涵秋作序，影响广泛，展示了民国初期当时妇女的服饰生活、美人活动、百样姿态。他不仅绘画，还教学收徒，是许多绘画大师的启蒙老师。赵藕生的代表作有《天女散花》《巫峡晓云图》《闽江远眺图》等。

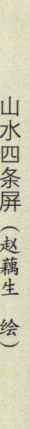

山水四条屏（赵藕生 绘）

徐咏青（1880-1953），现代画家，上海人。幼年丧父母，为上海徐家汇天主教堂孤儿院收养。九岁入该院附设图画间，向刘必振和外国绘画教师学习素描、水彩画和油画。十六岁入同属徐家汇天主教堂的土山湾印书馆从事插图创作、装帧设计。擅长水彩画和油画。1913年起主持上海商务印书馆图画部。练习生杭穉英、何逸梅、金梅生、金雪尘、戈湘岚等均向他学习素描、水彩画和油画。同时他受聘于上海美术专科学校执教西洋画。其间画有大量铅笔素描和水彩画稿，由上海商务印书馆和有正书局出版，作为中小学生图画临摹课本。长于画风景，不擅长画人物，故常与郑曼陀合作月份牌画，进行补景。日寇入侵上海后，携眷去香港，继续执教西画。抗日战争胜利后，一度返沪短寓，后迁居青岛。出版《水彩画写生法》等。

栈桥小景（徐咏青 绘）

郑曼陀（1888—1961），中国广告擦笔绘画技法创始人，广告画革新者。原名达，字菊如，出生在杭州，幼年被安徽富商收养，师从民间画师，后到杭州照相馆作画，慢慢形成了一种新画法——擦笔水彩法。他画的时装仕女，面部立体感强，色彩淡雅宜人，肌肤细腻柔和，人物呼之欲出。上海著名商人黄楚九发现了他，将其美女画悉数买下为大药房做广告。由此新画法一下子风靡上海，香烟公司、保险公司、印刷厂纷纷向他订画。郑曼陀擦笔水彩画法的出现更加促使月份牌广告迅速流行，因此吸引了不少画家从事月份牌画创作。代表作有《杨妃出浴图》《四时娇影》《醉折花枝》《舞会》《在海轮上》《架上青松聊自娱》等描绘历史人物和摩登女性生活的作品。

旅行去（郑曼陀 绘）

时尚女士（郑曼陀 绘）

倪耕野 近代广告画家中出道较早，20世纪二三十年代创作出许多令人称道的广告画并流传至今。倪耕野曾任职于英美烟公司广告部，为英美烟公司设计"哈德门"等香烟广告画，同时也为启东烟草公司等绘制月份牌广告画。倪耕野设计的月份牌画仕女形象色彩清丽，画面中形象较突出鲜明，层次对比强烈，风格独特。他的广告画创作多以古代、现代女性为主，也有古代题材如四大名著等。在其创作的广告画中，仕女人物造型丰满、落落大方；作为画作主体人物的脸部描绘，五官灵动传神，颇具独特韵味；对于传统发式或汲取外来思潮和文化而改变成的卷烫短发，描画得细腻逼真、栩栩如生。他为人谦逊，并不因画技高而自傲，与同道、客户及朋友关系都非常好。

手电筒广告画（倪耕野 绘）

哈德门香烟广告画（倪耕野 绘）

吴少云 沪上年画家，与陆泽之、章育青、忻礼良四人并称为"海派四大家"，联袂精绘了许多脍炙人口的年画作品，如《采莲子》《和平28号》等。他的代表作有《萧史与弄玉》《扑蝶舞》《群鸟图》《牛郎织女笑开颜》《三英战吕布》《文君当垆》《林冲夜奔》《嫦娥奔月》《武生屏》《孟姜女》。辛亥革命之后，龙成为象征力量和吉祥的符号。吴少云的宣传画《公社如巨龙，生产显威风》，以龙作为人们传递喜庆与力量的符号。

群鸟图（吴少云等 绘）

大生产图（吴少云等 绘）

梁鼎铭（1895-1959），中国现代画家。字协燊，广东省顺德县人。生于江苏省南京市，幼孤，喜爱绘画，初学西画，后改学中国画。1920年后曾在上海英美烟草公司从事月份牌年画创作，他笔下的时装仕女大多曼妙多姿，风靡一时。梁鼎铭个性孤高，对商人敬而远之，也鄙视吹牛拍马之人。1923年在上海创立天化艺术会。1926年受聘于广州黄埔军官学校，编辑革命画报，绘《沙基血迹图》。1931年在南京绘《惠州战迹图》。历任军校教官、军事委员会设计委员等职。梁鼎铭以绘画艺术表现意识形态，成为当时名副其实的军事题材油画家。他亦擅长水墨画，在20世纪30年代曾与徐悲鸿、张一尊、沈逸千并称为"画马四杰"。

吕布戏貂蝉（梁鼎铭 绘）

柳荫扑蝶图（梁鼎铭 绘）

胡伯翔（1896-1989），现代画家、摄影家、实业家。名鹤翼，别署石城翁。英美烟公司广告部挑大梁式的人物。1917年，二十一岁的胡伯翔开始了月份牌创作的艺术之途。胡伯翔在优厚的条件中作画，非常注意作品的质量与自己的艺术个性，因此其高超的画技得到英美烟公司赏识。1931年秋，为"表彰真实艺术，提高标准，使国民艺术有时代精神与民族特性"，他出资创刊《中华摄影杂志》。20世纪40年代从事实业。他的作品曾先后在"华社""上海摄影会""中国摄影学会"等社团举办的影展中展出，并散见于《上海漫画》《时代》《中华》《良友》《文华》《天鹏》等刊物。中华人民共和国成立后，为中国美术家协会会员、上海市美术家协会会员、上海中国画院画师。

香烟月份牌（胡伯翔 绘）

香烟月份牌（胡伯翔 绘）

谢之光（1900-1976），别号栩栩斋主，浙江余姚人。1913年随父来沪以绘画为业。画以山水为主，也作人物、走兽。十四岁开始跟周慕桥学画，继从张聿光习西画，后毕业于上海美专。二十二岁便出版了第一张月份牌《西湖游船》，为英美、华成、福新等烟草公司绘制月份牌画，是著名的月份牌年画家之一，在社会上享有盛誉。曾任南洋烟草广告公司美术员、九福公司美术主任、上海中国画院画师。进入20世纪30年代之后，他开始以西式素描手法，打造人物的崭新造型，并对布景陈设进行细致入微的再现，从而树立了自己的个人风格。作品有《铁水奔流》《洛神》等。谢之光令人物形象更加接近生活中的原型，她们仿佛刚好与你擦肩而过，说着吴侬软语，身上飘来一阵香水的味道，令人精神倍增。

穿紫衣抱犬女子（谢之光 绘）

和合（谢之光 绘）

杭穉英（1900-1947），亦作稚英，名冠群。浙江海宁人，自幼爱好绘画，十三岁随父进入商务印书馆，在图画部当练习生，期满转入商务印书馆服务部，从事书籍装帧设计和广告画绘制。他潜心钻研，十八岁已初具名声。后自立画室，出版月份牌，设计商品商标、包装，为我国最早的商业美术家之一。他的设计作品《美丽牌香烟》《双妹牌花露水》《雅霜》《蝶霜》《五鹅牌汗衫》《阴丹士林布》等风行全国。所作年画《牛郎织女》《八仙过海》《大观园》等富有传统特色。抗战开始，他画出富有爱国抗战精神的《梁夫人击鼓抗金兵》和《木兰从军》，作品进入千家万户，深受群众喜爱。杭穉英为月份牌年画成为典型的"海派艺术"做出了突出贡献。杭穉英在中国近现代美术史上书写了不可磨灭的一页。

轻舟女伴（杭穉英 绘）

月份牌（杭穉英 绘）

金梅生（1902-1989），号石摩,上海川沙人,作品署名"世亨"。早年在上海师从李靖澜、徐咏青学习绘画。1921年进入商务印书馆图画部从事月份牌创作。1931年后以创作年画为业,致力于创作月份牌画,用了近50年时间将毕生事业献给了中国商业艺术。他擅长画着中国戏装的美女,与谢之光、杭穉英一起将中国月份牌画推向一个更深的层次,三人作品均吸收了中国画与西画的精髓而又各有千秋。1949年后,金梅生成为中国美术家协会理事,1956年受聘于上海画片社。1962年被聘为上海市文史馆馆员、上海人民美术出版社特约年画家。作品经常在全国年画大赛中获奖。作品《冬瓜上高楼》参加第三届全国美展;《菜绿瓜肥产量多》获第三届全国年画评奖一等奖,为中国美术馆收藏。

月份牌（金梅生 绘）

幸福的童年（金梅生 绘）

　　金雪尘（1904-1996），上海嘉定人，擅长年画。1922年以第一名的成绩考入上海商务印书馆画图室，成为练习生。他有国画、水彩画基础，对古诗词研究尤深，所绘画的室内外景物深得国画神韵和意境。1925年后入稚英画室，成为画室的三大支柱之一。在稚英画室主要画广告背景，画景时要构思半天，思考成熟才动笔。一般西方水彩画和中国传统工笔对外景表现较实在，对人物环境表现较充分。金雪尘结合水彩画和中国传统写意的方式，虚实相生，为画面营造一种温馨的氛围。代表作为《武松打虎》《春江花月夜》《金鱼舞》《李慕白、金雪尘年画集》。中华人民共和国成立后，他与李慕白共同合作绘制了大量现实题材的新年画，为上海图片出版社、上海人民美术出版社特约记者。

啊，我们伟大的祖国（金雪尘 绘）

阅览室（金雪尘 李慕白 绘）

戈湘岚（1904—1964），又名绍苓、荃，别署赏神骏斋主、东亭居士。东台安丰人，定居沪上。中国民主同盟会员，中国美术家协会及上海分会会员，兼任上海中国画院画师。1920年上海美专肄业，进入商务印书馆印刷所学习设计。沿用至今的"马利"牌颜料商标即为其20世纪20年代的设计。1921年起在上海商务印书馆印刷所图画部从事装帧设计。"八一三"事变后，拒绝为日本当局编绘教育挂图、推行奴化教育服务，始习中国画。1940年，在上海举办首次个人绘画展览会，被赵叔孺先生收为入室弟子。戈湘岚以画马名世，擅画翎毛、花卉、鱼虫、走兽。中华人民共和国成立初期，他更以饱满的创作热情深入生活、开掘题材，以传统笔法融入西洋绘画的光影渲染，致力于现实主题性创作。

相马图（戈湘岚 绘）

三羊开泰（戈湘岚 绘）

猿（戈湘岚 绘）

杨俊生（1909-1981），安徽安庆人，曾用名杨长沄，新中国年画八大家之一。擅长年画、水彩画，其作品影响力远及海外。他自幼爱画，十二三岁时即临摹《芥子园画谱》及《点石斋人物画谱》，自学绘画。二十岁时来沪，师从画家丁云先学画，后受聘于杨乐冰画室及新光、紫光、通明等霓虹灯厂，从事商标、广告等工商美术创作。1935年自设"俊生画室"，开始致力于月份牌画创作。擅长于描绘历史和戏曲题材。中华人民共和国成立后为上海人民美术出版社特约年画作者。年画代表作有《岳母刺字》《枪挑小梁王》《夜战马超》《大闹天宫》《贵妃醉酒》《宇宙锋》《一百零八将》《少数民族服饰图》等。中国美术家协会会员，中国美术家协会上海分会理事。

打腰鼓（杨俊生 绘）

普天同庆（杨俊生 绘）

　　李慕白（1913-1991），浙江海宁人。中国民主同盟盟员，中国美术家协会会员，擅长年画。1928年入上海稚英画室学习月份牌年画。1931年，师从陈秋草学画。他和金雪尘两人同为稚英画室的顶梁柱。稚英画室早期，由杭穉英画月份牌中的人物，金雪尘为之配背景。后来李慕白的人物画得越来越好，杭穉英就让李慕白同金雪尘搭档合作，自己退居组织指导构图，并担任对外联系工作。杭穉英对李慕白尤为重视，将自己的妻妹嫁给李慕白，结为姻亲。1949年后李慕白曾参加上海中苏友好大厦室内壁画创作。1954年受聘为上海画片出版社特约年画作者。1956年受聘为上海人民美术出版社特约年画作者，并创办慕白画室，培养青年年画作者。

人勤花香（李慕白　金雪尘　绘）

练好身体准备为祖国服务（李慕白　绘）

张碧梧（1905-1987），江苏江阴人。十四岁到上海，初入先施公司当练习生，后入永安公司任职员。自学绘画成才。曾为上海的艺辉、徐胜记、正兴、环球等印刷厂绘月份牌画。中华人民共和国成立后，为上海人民美术出版社特约年画作者。中国美术家协会会员。他创作了不少以解放战争和抗美援朝重大战役为题材的作品，如《百万雄师渡长江》（获第三届全国年画评奖二等奖）和《解放一江山岛》《上甘岭的胜利》《志愿军凯旋归国》等，场面之大、人物之多、气势之磅礴，为月份牌年画中所少见。代表作有《养小鸡捐飞机》（获第二届全国年画评奖二等奖）和《军帮民，民帮军》《故乡变了样》《妈妈开着拖拉机来了》等。

志愿军凯旋归国（张碧梧 绘）

百子游戏（张碧梧 绘）